Die
finanziellen Beziehungen

zwischen

Staat und Notenbanken

mit besonderer Berücksichtigung der Kassendienste.

Von

Dr. Karl Kimmich.

BERLIN 1909.

J. Guttentag, Verlagsbuchhandlung,
G. m. b. H.

Vorwort.

Nachstehende Aufsätze, die im Bank-Archiv erschienen sind, verdanken ihre Entstehung der bevorstehenden Privilegserneuerung der Reichsbank. In vorliegendem Separatabdruck sind eine Anzahl Ergänzungen beigefügt, sowie auch die neueren Ziffern eingesetzt worden.

Zu besonderem Danke bin ich Sr. Exzellenz dem Herrn Reichsbankpräsidenten Havenstein verpflichtet, der es mir ermöglichte, in die Einrichtungen der Reichshauptkasse Einblick zu nehmen.

Berlin, im Februar 1909.

Der Verfasser.

Inhaltsverzeichnis.

Keine Zentralnotenbank der Welt zahlt auch nur annähernd so enorme Beträge an staatliche und städtische Finanzverwaltungen, wie unsere Reichsbank, die seit ihrem Bestehen bis heute 377 655 000 M., d. h. mehr als das Doppelte ihres Grundkapitals an Staat und Kommunen abgeführt hat; und zwar an das Reich für dessen Gewinnbeteiligung 256911000 M., als Notensteuer 23195000 M., als jährliche Entschädigungssumme an den preussischen Staat inkl. der einmaligen Konzessionsgebühr (von 15 Mill. M.) 74703000 M. und endlich als Kommunalsteuern[1]) 22 846 000 M. Die Anteilseigner haben seit Bestehen der Bank den kleineren Teil des Gewinnes von nur 289 697 000 M. als Dividenden erhalten. Es hat auch in neuerer Zeit keine europäische Notenbank prozentual von

[1]) Ich gebe hier die (bisher unveröffentlichten) mir vom Reichsbankdirektorium mitgeteilten Ziffern der in den Jahren 1897--1907 gezahlten Kommunalsteuern:

1897	735 461	M.	1903	1 317 633	M.
1898	659 117	„	1904	1 577 332	„
1899	797 367	„	1905	1 500 553	„
1900	1 024 224	„	1906	1 588 824	„
1901	1 701 885	„	1907	1 938 921	„
1902	1 882 254	„			
				14 723 571	M.

Von der staatlichen Einkommensteuer ist die Bank befreit. Ich sehe im übrigen von einer Darstellung der von den Zentralnotenbanken in ihrer Eigenschaft als Erwerbsunternehmungen zu zahlenden Staats- und Kommunalsteuern ab und behandle auch nur die diesen Instituten als Notenemissionsbanken charakteristischen finanziellen Leistungen.

ihrem Gewinne einen so grossen Teil den staatlichen Finanzverwaltungen zugeführt: Das Reich allein hat in den Jahren 1897 bis 1907 durchschnittlich 54 pCt., die Anteilseigner 46 pCt. der Gewinne erhalten.

In allen Staaten — nur vielleicht England ausgenommen — wird das Notenprivileg, auf dessen Erteilung die finanziellen Ansprüche des Staates basieren, als geeignetes und einträgliches Steuerobjekt angesehen. Und es ist daher auch charakteristisch, dass allenthalben bei jeder Privilegserneuerung die Regierungen ihre finanziellen Ansprüche erhöhen, ganz abgesehen davon, dass die Notenbanken auch in Gestalt von Dienstleistungen immer steigende Opfer dem Staate bringen müssen. Nachstehend wird nur die finanzielle Heranziehung der Notenbanken zur Sprache kommen. Die Dienstleistungen der Banken für den Staat werden Gegenstand einer besonderen Untersuchung sein.

A. Gewinnbeteiligung des Staates.

Die Anteilseigner sind bisher bei jeder Privilegserneuerung der Reichsbank in ihren Gewinnbezügen gekürzt worden: 1875 erhielten sie zunächst $4\frac{1}{2}$ pCt. Vordividende; dann flossen 20 pCt. an den Reservefonds, bis dieser auf 30 Mill. M. aufgefüllt war; der Rest wurde zwischen Reich und Anteilseigner verteilt bis zu einer Dividende der Anteilseigner von 8 pCt.; ein weiterer Ueberschuss fiel zu $\frac{1}{4}$ an diese und zu $\frac{3}{4}$ an das Reich. Bei der Privilegserneuerung 1889, mit Wirkung von 1891 ab, wurde die Vordividende der Anteilseigner, da der Landeszinsfuss allgemein gesunken sei, auf $3\frac{1}{2}$ pCt., und bereits nach Erreichung einer Dividende von 6 pCt. der dann noch verbleibende Rest ohne jedes neue Zugeständnis für den Fiskus beansprucht. Bei der letzten Privilegserneuerung 1899, die von einer Kontingentserhöhung für die Reichsbank begleitet war, wurde auch die hälftige Teilung bis zu einer bestimmten Dividende fallen gelassen. Das Verteilungsverhältnis ist seit 1901 also folgendes: $3^1/_2$ pCt. Vordividende an die Anteilseigner, dann 20 pCt. in den Reservefonds, bis er 60 Mill. M. beträgt (welche Summe 1903 bereits erreicht war) und vom Rest $^1/_4$ an die Anteilseigner und $^3/_4$ an das Reich.

Demnächst wird im Reichstage die Frage der Privilegserneuerung wieder zur Sprache kommen, denn bis 1. Januar 1910 spätestens muss entweder das Privileg verlängert werden oder aber kann das Reich zum 1. Januar 1911 von seinem Kündigungsrecht Gebrauch machen. Diese Alternative bildet bei dem kurzen Zeitraum eines Jahrzehnts eine Quelle dauernder Beunruhigung der Geschäftswelt und es ist ernstlich nicht einzusehen, weshalb das Reich nicht, wie andere Staaten, auch einen längeren Zeitraum als Konzessionsdauer sollte einräumen können. In Holland sind es wenigstens 15 Jahre und von 1919 ab gilt dort das Privileg immer auf 1 Jahr verlängert, wenn es nicht seitens der Regierung oder der Bank zum 31. März jeweils gekündigt wird; in Italien läuft das Privileg unter gewissen von den 3 Banken zu erfüllenden Bedingungen bis 1923; in Serbien ist es 1908 bis 1933 verlängert worden. In Belgien wurde es erneuert in den Jahren 1850, 1872, 1900 und läuft bis zum Jahre 1929. In Frankreich 1806, 1840, 1867, 1897 und läuft bis 1920. Die französische Regierung hat jedoch das Recht, das Privileg durch ein 1911 ev. zu erlassendes Gesetz per 31. Dezember 1912 aufzukündigen. Dadurch wird vermieden, dass der Staat für den Fall des Eintritts veränderter Verhältnisse, die

Abänderungen wünschenswert machen, auf allzu lange Zeit gebunden ist.

Auch die bevorstehende Privilegserneuerung scheint wie die vorhergegangenen als ein für Erreichung fiskalischer Zwecke geeigneter Zeitpunkt in Aussicht genommen zu werden. Schon jetzt lesen wir wieder in den Zeitungen, dass konservative Wünsche die Gesamtbezüge der Anteilseigner auf 5 pCt. begrenzt wissen wollen. Der gesamte Ueberschuss würde dann also dem Reiche zufallen. Dieser Modus ist kein novum. Einmal ist er in dem jüngst in Kraft getretenen schweizerischen Nationalbankgesetz, nach dem die Aktionäre 4 pCt. Maximaldividende erhalten, durchgeführt, und dann ist er bei uns schon 1899 in der Reichstagskommission angeregt, aber mit dem Bemerken abgewiesen worden, man müsse doch einige Rücksicht nehmen, da die Anteilseigner ihre Anteile mit Agio (1875 = 30 pCt., 1899 = 35 pCt. und 1904 = 44 pCt.) bezahlt hätten. Ausserdem, so wurde in der Kommission mit Recht hervorgehoben, bilde der damals Gesetz gewordene Gewinnanteil die äusserste Grenze des Zulässigen und eine Begrenzung nach oben sei insofern sehr bedenklich, als sie den Anteilen den Charakter als Aktie und Privateigentum nehme und sie mehr als eine Art Obligation des Reiches mit garantiertem (?) Minimal- und limitiertem Maximalzinssatz qualifiziere. Der Charakter der dann einer Staatsbank allzu nahe gerückten Reichsbank und ihrer Bestände als Privateigentum würden dadurch in Frage gestellt und für den Kriegsfall ihr der Schutz völkerrechtlicher Bestimmungen entzogen. Demgegenüber stehen Meinungen, wie z. B. es sei nicht wünschenswert, den Anteilseignern hohe Dividenden zuzuwenden, da die sichere Anlage in Anteilen keinen so hohen Gewinn rechtfertige. Es entgehe sonst dem Reiche ein erheblicher Gewinn, was den Anreiz zur Verstaatlichung der Bank erhöhen müsse. (Kann man demgegenüber nicht mit dem gleichen Rechte auch sagen, dass man auf indirektem Wege die Verstaatlichung betreibt, wenn man die Gewinne der Anteilseigner immer mehr schmälert?) Endlich, heisst es, gehöre der Hauptgewinn des Notenprivilegs dem Reiche und nicht den Anteilseignern.

Diese Behauptungen werden heutzutage oft genug ernsthaft vorgebracht. Einige kleine Berechnungen werden sie leicht entkräften. Einleitend sei hervorgehoben, dass das Reichsbankdirektorium sich in seiner Diskontpolitik, wie ja auch allgemein anerkannt wird, nie durch Gewinnrücksichten für die Anteilseigner leiten lässt. Diese ist deren Einflüssen nahezu entrückt.

Zu den vermeintlich hohen Gewinnbezügen der Anteilseigner möchte ich vorweg bemerken, dass im Durchschnitt der letzten 10 Jahre von sämtlichen europäischen Zentralnotenbanken nur die dänische, die italienische und die österreichische eine noch geringere Dividende als die Reichsbank an ihre Aktionäre zur Verteilung gebracht haben[2]). Die Rente unserer Anteilseigner war bei einem Erwerbspreis von 144 pCt. (letzter Ausgabekurs) der Anteilscheine im Durchschnitt der Jahre 1901—07 nur 4 3/4 pCt., für das Risiko der Anlage in Bankaktien gewiss keine hervorragende Verzinsung. Und dazu müssen diese Kapita-

---

[2]) Hier interessiert nur die nackte Tatsache. Sonst ist zur Vergleichbarkeit der Dividenden die Höhe des A.-K. im Verhältnis zum Geschäftsumfang (z. B. die belgische Nationalbank hat nur 50 Mill. Fr. A.-K.), dann die verschiedene Art der Geschäfte der einzelnen Zentralbanken (z. B. betreiben manche staatliche Vorschussgeschäfte, Pfandbrief-, Hypotheken- und Kontokorrentgeschäfte) u. a. mehr in Rücksicht zu ziehen.

listen noch gewärtig bleiben, dass das Reich die Bank verstaatlicht (zu 118 pCt.), so dass sie also noch jährlich 4,5 pCt. Kursverlust amortisieren müssen. Statt der Durchschnittsdividende von 7,03 pCt. bekämen sie also eine solche von 2,53 pCt. oder eine Rente von ca. $1^{3}/_{4}$ pCt.! Eine Verstaatlichung im Jahre 1910 wäre aber für zahlreiche Anteilseigner, wenn diese sich auch vielfach aus wohlhabenden Kreisen rekrutieren, eine um so grössere Härte, als das Reich doch diese Eventualität bei Festsetzung des Emissionskurses, bei dem man nach Erklärung des Bundesratsvertreters (1899) nichts verschenken wollte, gar nicht in Rücksicht gezogen hat. Anderenfalls hätte eben damals die Emission ein vollständiges Fiasko erlitten. In Frankreich und England z. B., wo die Bezüge der Aktionäre viel reichlicher sind, macht man diesen, entsprechend dem ausgeprägteren Charakter der Noteninstitute als Erwerbsbanken, ihre Dividenden nicht fortwährend streitig.

Dem Reiche entgehe aber, so argumentiert man weiter, aus der Reichsbank ein grosser Gewinn und deshalb müsse man sie verstaatlichen. Ich will auch diese Behauptung einer kleinen rechnerischen Prüfung unterziehen: Das Reich müsste bei einer Verstaatlichung 180 Mill. M. für das Grundkapital und 32,407 Mill. M. für den halben Reservefonds im Anleihewege aufbringen. Heute (Dezember 1908) würde ihm das Preussenkonsortium ca. 100pCt. für eine 4 proz.-Anleihe bieten können. Der Zinsendienst würde also 8494300 M. erfordern. Nehmen wir nun die Durchschnittsgewinne 1901-07 (mit den bekannten Rekordjahren) = 30823000 M. und bringen ausser den Zinserfordernissen noch den Gewinnanteil des Reiches von 17651500 M. in Abzug, so bleibt noch ein angeblich dem Reiche entgehender Ueberschuss von ca. 4677000 M. Steht dieser geringe Eventualgewinn in irgendwelchem Verhältnis zum Risiko des Reiches bei einer Verstaatlichung? Und es ist doch nur ein rechnungsmässiges Plus; denn wer garantiert, dass ein staatlich bureaukratisierter Betrieb eben so hohe Gewinnerträge wie die jetzigen abwerfen wird? Ich glaube, dass — und das ist nur die finanzielle Seite der Verstaatlichungsgelüste — das Reich ein recht schlechtes Geschäft machen würde.

Nun zur dritten Behauptung, dass der Hauptgewinn der Reichsbank nicht den Anteilseignern, sondern dem Reiche gehören müsse, das der Bank durch das Monopol die Quelle aller Dividenden gebe. Man hat schon 25 Mill. M. Gewinn aus dem Privileg herausgerechnet. Ich will dem Problem ebenfalls rechnerisch beikommen und zwar auf Grund von Durchschnittsziffern der Jahre 1901 (Depressionsperiode) bis 1907 (Hochkonjunkturperiode mit noch nie dagewesenen Zinssätzen von $7^1/_2$ pCt.). Zunächst teile ich den Durchschnitts - Barbestand (970811000 M.) einmal nach dem Verhältnis der umlaufenden Notenmenge und der sonstigen täglich fälligen Verbindlichkeiten und zweitens, indem ich die Verhältnisse auf einen gemeinsamen Nenner bringe, nach dem Verhältnis der höchsten Abweichung dieser beiden Posten von ihrem Durchschnittsbestande. Diese Spannung ist für Noten 497787000 M. und für Girogelder 229844000 M. Ihre Berechtigung findet diese zweifache Teilung darin, dass die Bank einmal bei Reservierung ihres Barbestandes mit der verschiedenen Höhe dieser beiden Passivposten rechnen muss, und zweitens, dass die Schwankungen im Notenumlauf nicht den gleichen Umfang haben wie Zu- und Abgänge in den Giroguthaben. Nach meiner Teilung entfällt also auf die Notenzirkulation von 1308410700 M. ein zu reservierender Barbestand von 669881900 M.; für die Giroverbindlichkeiten von 571689200 M. eine Metallreserve von 300929100 M. Die Reichsbank muss eben für die Girogelder, die ganz anderer Herkunft sind als Depositen und Kreditoren unserer Grossbanken, eine weit grössere Barreserve als diese halten, zumal sie das letzte Glied in der Kette unserer Kreditorganisation ist und nicht mehr rediskontieren kann. Ihre Liquidität muss ferner aus noch ganz anderen bankpolitischen Rücksichten weit besser sein als die der Privatbanken. Nunmehr ermittle ich, um die Berechnung fortzuführen, den Betrag der nicht bargedeckten Notenzirkulation (638528000 M.) und berechne hieraus zum Bankdiskont (denn die Noten dürfen ausser Bardeckung nur Wechseldeckung haben) von 4,6195 pCt. den Bruttozinsgewinn (29496800 M.), den die Reichsbank also auf das Notenprivileg macht. Hiervon kommen folgende Posten in Abzug: der Gewinnanteil des Reiches (17651500 M.), die jährliche Entschädigung an Preussen (1865730 M.), die Notensteuer (1956952 M.), die Herstellungskosten der Noten (575164 M.) und endlich der Anteil der auf die 29 $^1/_2$ Mill. M. Zinsgewinn entfallenden Verwaltungskosten, den ich nach dem Verhältnis der gesamten Verwaltungskosten zu den Gesamteinnahmen (8891200 M.) ermittle. An sich lassen sich ja die Verwaltungskosten nicht auf die einzelnen Geschäftszweige repartieren. Es dürfte aber der errechnete Verwaltungskostenanteil keinesfalls zu niedrig sein. Denn der mit dem Notenbetrieb zusammenhängende Diskontierungsverkehr erfordert ein sach- und geschäftskundiges Personal und bildet die Haupttätigkeit der besser bezahlten Beamten (im Gegensatz zu dem mechanisch sich abwickelnden Giroverkehr). Nach Abzug aller dieser Posten zeigt sich das überraschende Resultat, dass das Notenprivileg der Bank im Durchschnitt der Jahre 1901—07 nicht nur keinen Gewinn gelassen, sondern mit einem durchschnittlichen Jahresverlust von 1598600 M. verknüpft war. Man kann dies recht gut verstehen, da die ungedeckten Noten auch nur einen verhältnismässig geringen Bruchteil des ganzen werbenden Kapitals bilden. Der weitaus grössere Teil besteht aus Noten gegen Bardeckung, Grundkapital + Reserven und Girogeldern. Aus diesen anvertrauten Kapitalien, also aus ihrer Eigenschaft als gewöhnliche Aktienbank, zieht die Bank ihren Hauptgewinn. Vornehmlich dann, wenn die Noten voll gedeckt sind, wenn also das Notenprivileg nur mit Kosten verknüpft ist. Der ideelle Wert des Zettelmonopols lässt sich natürlich nicht in Zahlen messen. Es verleiht eben der Zentralbank die finanzielle Hegemonie, grosse Elastizität und damit ein erhöhtes Vertrauen, wodurch ihr wiederum Depositen mit hohem Zinsgewinn zufliessen.

Ich hoffe aber erwiesen zu haben, dass das Reich mit Verleihung des Privilegs nichts verschenkt hat und dass aus der Reichsbank auch nicht mehr viel zu holen ist. Das Ergebnis der zuletzt aufgemachten Berechnung muss noch weitergehende fiskalische Wünsche verstummen machen. Man soll doch bedenken, dass sich die Verlustziffer ergeben hat, obwohl meiner Berechnung die günstigsten Jahresgewinne seit Bestehen der Bank zu Grunde gelegt worden sind, ferner, dass die fetten Jahre mit Diskontsätzen von $7\frac{1}{2}$ pCt. doch nur die Ausnahme bilden.

Ausserhalb Deutschlands findet sich vielfach im Prinzip dieselbe Form der staatlichen Gewinnbeteiligung wie bei der Reichsbank wieder:

Norwegen: 6 pCt. Vordividende an die Aktionäre, dann 10 pCt. an den Reservefonds, bis er $\frac{2}{5}$ des Aktienkapitals beträgt; vom Rest je $\frac{1}{2}$ an Staat und Aktionäre, bis letztere 10 pCt. Gesamtdividende erhalten haben; vom weiteren Ueberschuss Aktionäre $\frac{1}{4}$ und Staat $\frac{3}{4}$.

Holland: $3^1/_2$ pCt. Vordividende; dann 10 pCt. an den Reservefonds, bis er 25 pCt. des Aktienkapitals beträgt; ferner $2^1/_2$ pCt. Tantieme an die Direktion und $^1/_2$ pCt. an den Staatskommissar; vom Ueberschuss Staat $^2/_3$ und Aktionäre $^1/_3$.

Dänemark: Der Staat wird zum ersten Male für das Rechnungsjahr 1. August 1908 bis 31 Juli 1909 am Gewinne der Bank beteiligt. Er erhält jährlich fest 750000 Kr.; dann fliessen 5 pCt. in den Reservefonds, bis derselbe 30 pCt. des Aktienkapitals erreicht hat; sodann erhalten Aktionäre 6 pCt; vom Rest fällt $^1/_4$ an den Staat und $^3/_4$ an die Aktionäre.

Portugal: Zuerst 20 pCt. in den ordentlichen Reservefonds bis zu 20 pCt. des Aktienkapitals und in einen Spezialreservefonds bis zu 10 pCt. des Aktienkapitals; sodann 7 pCt. Dividende. Der Ueberschuss wird hälftig an Staat und Aktionäre verteilt.

Serbien: Aktionäre 6 pCt. Vordividende; 15 pCt. in den Reservefonds bis zu 20 pCt. des Aktienkapitals, weitere 10 pCt. an höhere Beamte. Vom Ueberschuss 30 pCt. an den Staat, 70 pCt. an die Aktionäre.

Rumänien: 6 pCt. Vordividende; sodann 20 pCt. an Reservefonds; vom Ueberschuss Staat $^1/_5$ und Aktionäre $^4/_5$.

Oesterreich-Ungarn: 4 pCt. Vordividende; dann 10 pCt. in den Reservefonds, bis er 42 Mill. Kr. beträgt, ferner 2 pCt. an den Pensionsfonds der Bank; der weitere Ueberschuss wird je zur Hälfte zwischen Staat und Aktionären verteilt, bis letztere 6 pCt. Gesamtdividende erhalten haben; von einem weiteren Ueberschuss bezieht der Staat $^2/_3$. Von dem Reingewinn von 25,4 Mill. M. hat der Staat 1907 9,54 Mill. M. oder 37,5 pCt. erhalten. Wiederholt wurde der Anteil der Aktionäre gekürzt gelegentlich der Privilegserneuerungen, bei denen der Generalrat der Bank jedesmal den Grundsatz vertrat, dass die bisherigen finanziellen Bedingungen des Privilegs als keine weitere Erhöhung zulassendes Entgelt zu betrachten seien. Die Bank hatte ausserdem dem Staate den bekannten Vorschuss von 160 Mill. Kr. gegeben, der heute bis auf 60 Mill. Kr. zurückgezahlt ist.

Ueberall also begnügt sich der Staat mit einem bescheideneren Gewinnanteil als das Reich. Der Preis des Notenprivilegs ist bei uns teurer als irgendwo sonst. (Die von den einzelnen Zentralbanken in verschiedenem Umfange zu leistenden Kassendienste und sonstigen Dienstleistungen lassen sich nach Kosten nicht berechnen und bleiben daher hier unberücksichtigt.)

Einige anderen praktizierten Formen der Gewinnbeteiligung des Staates seien hier in aller Kürze angeführt:

Kapitalbeteiligung des Staates.

In einigen Ländern finden wir eine Kapitalbeteiligung des Staates an der Zentralbank. So war in der Schweiz $^2/_5$ des A.-K. der Nationalbank von 50 Mill. Fr. den Kantonen i. J. 1906 zur Zeichnung vorbehalten. Diese haben nach mir gewordenen Mitteilungen der Bank das ihnen verliehene Vorzugszeichnungsrecht vollständig benutzt. Ebenso war bei der rumänischen Nationalbank durch ein Gesetz von 1880 eine Kapitalbeteiligung des Staates von $^1/_3$ des Aktienkapitals vorgesehen. Es wurden aber als Grundkapital der Bank statt 30 nur 12 Mill. Fr. aufgebracht und davon 8 Mill. Fr. Aktien im Werte von 4 Mill. Fr. vom Staate übernommen. Dieser hat 1901 seinen Anteil mit grossem Gewinn abgestossen. Auch der bayerische Staat ist bei seiner Notenbank kapitalbeteiligt. Im Jahre 1899 wurde in der Reichtagskommission eine Kapitalbeteiligung des Reiches an der Reichsbank von 30 Mill. M. vorgeschlagen; aber ohne Erfolg. Eine solche Kapitalbeteiligung unterbleibt wohl auch besser, da sonst das Reich, das Interessent und Aufsichtsbehörde zugleich wäre, sich allzuleicht in Fragen der inneren Bankpolitik würde einmischen wollen; überdies würde so die Verstaatlichung angebahnt. Die Kapitalbeteiligung des preussischen Staates an der ehemaligen preussischen Bank hatte nur historische, keine prinzipielle Bedeutung.

Einzug einzelner Gewinnposten.

In Belgien zieht der Staat nach 4 pCt. Vordividende und Dotierung des Reservefonds mit 10 pCt. von der Bank $^1/_4$ des Gewinnes ein; ausserdem den Zinsgewinn, den die Bank bei einem Diskontsatz von über $3^1/_2$ pCt. macht. Ebenso Portugal den Zinsgewinn über 6 pCt. Diskont und in Frankreich $^3/_4$ des Gewinnes bei über 5 pCt. In Belgien ging man von der Ansicht aus, die Bank könnte sonst allzuleicht aus Gewinnrücksichten ihren Diskont erhöhen. Naturgemäss wächst dort in Hochkonjunkturperioden der staatliche Gewinnbezug sehr stark. 1904 hat der Staat vom Diskontsatz nichts erhalten, 1905 — 471 300 Fr., 1906 — 2 026 000 Fr. und 1907 — 7 002 500 Fr. An Steuern und Gewinnanteil überhaupt hat die belgische Nationalbank 1907 an den Staat $46^1/_2$ pCt. von ihrem Bruttogewinn nach Abzug der Verwaltungskosten abgeführt. In Frankreich ist der Zinssatz (5 pCt.) so hoch normiert, dass der Staat seit Bestehen dieser Abgabe (1897) überhaupt noch nichts erhalten hat. Nebenbei bemerkt wäre die Bank imstande, durch ihre Goldprämienpolitik etwaige staatliche Bezüge zu verhindern. Sie hat jedoch seit 1898 die Goldprämienpolitik nicht mehr praktiziert.

Im übrigen hat sich der französische Staat bis heute trotz der seit den 50er Jahren des 19. Jahrhunderts immer wiederkehrenden Vorschläge keine eigentliche Gewinnbeteiligung an der Bank gesichert und zwar aus folgenden Gründen: Der Staat müsse vermeiden, sich in Fragen der inneren Verwaltung einzumischen; er würde sonst Associé der Bank werden, was eine zu grosse Intimität zwischen beiden herbeiführe und die Verantwortlichkeit des Staates bedenklich erweitere. Man würde in der Handhabung der Bankpolitik immer nach Staatseinflüssen suchen. In Deutschland liege der Fall insofern anders, als hier die Gewinnbeteiligung des Reichs in den Bankstatuten bereits festgelegt sei und die Reichsbank mehr den Charakter eines Staatsinstituts trage. Die Regierungsvertreter seien aber im Verwaltungsrat der Bank von Frankreich in der Minorität, der Verwaltungsrat sei ein autonomer Körper und der Gouverneur habe nur ein Kontroll- und Vetorecht. Er könne der Bank nie etwas vorschreiben, er könne nur verhindern. Die Bank sei ein reines Privatinstitut und eine der freiesten Banken gegenüber dem Staate. Dies der Tenor der vielfach in Wissenschaft, Presse und Parlament vertretenen Ansichten, von denen kaum eine ernstlich standhält, selbst wenn man berücksichtigt, dass die parlamentarischen Zustände dort anders liegen als bei uns[3]). Sehen wir nun zu, in welcher Weise diese Ansichten in der Gesetzgebung ihren Niederschlag gefunden haben. Bis 1897 hatte die Bank dem Staate ausser Stempelabgaben auf die Banknotenzirkulation (ca. 1 Mill. Fr. jährlich) keine Entschädigung gezahlt. Diese Stempelsteuer ist früher wiederholt unter mehrfachem Protest der Bank erhöht worden. Heute wird sie noch mit 0,5 Fr. per 100 Fr. von der produktiven (d. h. Gesamtzirkulation abzügl. Metalldeckung) und mit 0,2 Fr. per 100 Fr. von der unproduktiven (d. h. metallgedeckten) Notenzirkulation erhoben. Also wie heute in Italien, wo jedoch nur die produktive Zirkulation (d. h. Gesamtumlauf abzügl. Bardeckung und an den Staat geleisteter Vorschüsse) mit 1 pCt. besteuert ist und diese Steuer 1907 z. B. 1,44 Mill. L. erbrachte. Im Jahre

Besteuerung des produktiven und unproduktiven Notenumlaufs. Pauschalzahlungen an den Staat.

---

[3]) Man wollte dort z. B. 1897 die Bankmittel in erheblichem Umfange zur Gründung einer Zentralbank für Landwirtschaft verwenden. Es waren in der Kammer 258 Stimmen für diesen Missbrauch der Bankkapitalien zu haben und mit 287 Stimmen wurde der Regierungsvorschlag verworfen.

1891 schlug ferner Rouvier bei den Vorverhandlungen über die Privilegserneuerung von 1897 im Interesse der Selbständigkeit der Bank eine gleichbleibende Entschädigung von $2^1/_2$ Mill. Fr jährlich (nach den Gewinnen der Bank von 1876—1890 errechnet) an den Staat vor. Er wollte also die nur in England sich wiederfindende Form einer Pauschalzahlung akzeptieren. Die Bank von England zahlt nämlich für das Recht der Notenausgabe und für die Befreiung von der Stempelsteuer auf ihre Noten dem Staate jährlich 180 000 Lstrl. Ausserdem hat die Bank noch den Gewinn aus dem Umlauf derjenigen Noten abzuführen, die sie infolge ihres Akkreszenzrechtes über ihr ursprüngliches Kontingent von 14 Mill. Lstrl. bis zur Höhe ihres Kontingents von 18,45 Mill. Lstrl. ausgibt. Ueber letzteren Betrag hinaus ist der Bank Volldeckung in bar vorgeschrieben. Mit dieser Entschädigungsform vermeidet der Staat jede Einmischung in die Geschäfte oder die Verwaltung der Bank. Die Regierung hat nur ein Kontrollrecht. Das banking department wird fast allgemein von den verschiedensten Kreisen (auch von Direktoren der Bank selbst) als eine Privatsache aufgefasst, ohne besondere öffentliche Pflichten. Zwar hat man in Frankreich von einer Nachahmung dieser rohen Besteuerungsart abgesehen und dagegen geltend gemacht, dass in schlechten Zeiten diese Entschädigungsform für die Banken drückend werden könnte; aber die Kammerkommission hat doch in das Gesetz von 1897 über die Besteuerung der produktiven Notenzirkulation eine Mindestentschädigung der Bank von 2 Mill. Fr. jährlich hineingebracht, die im Effekt auf dasselbe hinauskommt. Als Basis für die Berechnung der — heute bestehenden — französischen Notensteuer wird jeweils der vorjährige durchschnittliche Notenumlauf angenommen. Jeden Tag werden Wechselbestand,

Lombard gegen Effekten, gegen Goldbarren und fremde Münzen und der Umlaufbetrag der billets à l'ordre aufgestellt, diese Bestände addiert und durch die Zahl der Arbeitstage dividiert. Von dem Zinsgewinn aus der so ermittelten Summe, welche dem produktiven Notenumlauf entspricht, erhebt der Staat den achten Teil. Wechsel und Lombard werden trotz des verschiedenen Zinsfusses gleich behandelt. Da sich also die Steuer auf die Höhe der Umsätze und nicht auf die Ertragshöhe der einzelnen Posten bezieht, wird so eine direkte Gewinnbeteiligung des Staates umgangen und sein Einfluss auf die einzelnen Operationen der Bank mithin eliminiert. Die Berechtigung dieser Steuer liegt darin, dass die Bank ohne Notenprivileg Geschäfte im Umfange der besteuerten Notenmenge nur durch Heranziehen fremder Gelder gegen Zinsen betreiben könnte. Im Jahre 1907 z. B. hatte die Bank durchschnittlich 1126 Mill. Fr. ungedeckter Noten im Umlauf. Nun könnte man sagen: Die Bank müsste als reine Kreditbank diese Summe sich erst etwa zum Zinssatze für täglich fällige Depositen- oder Scheckkonten verschaffen. Der Wert des Privilegs wäre also gleich dieser Zinsersparnis abzügl. Verwaltungskosten und Zahlungen an den Staat. Eine genaue Berechnung auf dieser Basis scheitert aber an der Unmöglichkeit, einen einwandfreien Zinssatz festzustellen. Wenn man ihn aber noch so niedrig annimmt, ist das Verhältnis des Werts des Notenprivilegs zu dessen Preis für die Bank ein viel günstigeres — natürlich nicht zu allen Zeiten gleichbleibend günstigeres[4]) — als

[4]) In kapitalflüssigen Zeiten ändert sich der Wert des Notenprivilegs wesentlich. Da werden, wie z. B. Mitte der 90er Jahre, die Noten: véritables certificats métalliques non seulement improductifs mais onéreux. (Gesch. - Bericht der

bei uns. Daher stammen auch die höheren Dividenden der Aktionäre. Von 1897—1907, seit Bestehen der Steuer, hat die Bank 50 133 500 Fr. an den Staat abgeführt; davon im Jahre 1907 7 357 100 Fr., den bisherigen Höchstbetrag; ferner 1907 sonstige Steuern: 3 725 100 Fr., zusammen also 19 pCt. des Bruttoertrages nach Absetzung der Verwaltungskosten (die Reichsbank 53 pCt.) oder 23 pCt. vom verteilten Reingewinn (die Reichsbank 84 pCt.[5]).

Unser System der Gewinnbeteiligung ist im Prinzip dieser französischen Steuer entschieden vorzuziehen. Die französischen Befürchtungen sind unbegründet. Wenn der Staat Eingriffe in die Domäne der Bank gemacht hat oder machen will, so braucht dies absolut nicht mit seinem Gewinnverhältnis in Zusammenhang zu stehen. Gründe zur Einmischung werden sich für den Staat durchaus nicht ausschliesslich, nicht einmal in erster Linie aus einer Gewinnbeteiligung ergeben.

Mit dieser gewollten Gewinnbeteiligung sind aber die geldlichen Leistungen der Banken so gut wie nirgends erschöpft. Wir finden finanzielle Abgaben noch aus ganz anderen Rechtstiteln, z. B. aus der Oberaufsicht des Staates.

Banque de France 1897). Die grossen Mengen vollgedeckter Noten verursachen der Bank dann — wie übrigens bei uns auch — ziemlich erhebliche Verwaltungskosten (Heiligenstadt spricht für Frankreich im Reichstage 1899 von $^1/_3$ pCt.).

[5]) Allerdings muss man noch dabei berücksichtigen, dass die Bank von Frankreich dem Staate 180 Mill. Fr. zinslos vorgeschossen hat, sowie dass sich der verschiedene Umfang der Dienstleistungen der Banken für den Staat nicht in Zahlen ausdrücken lässt.

B. Die Notensteuer bei Kontingentsüberschreitung

ist in verschiedenen Staaten in Anwendung. Sie ist s. Z. von Michaëlis als modifizierte Currencytheorie in das deutsche Bankgesetz übernommen worden und hat dem Reiche von 1881—1907 rund 23 Mill. M., in letzterem Jahre allein 5,6 Mill. M. eingebracht. Sie wird bekanntlich mit 5 pCt. p. a. (oder $^5/_{48}$ pCt. von jedem Bankausweis) von dem Teil des Notenumlaufs erhoben, der den Barvorrat der Bank um den Betrag des Notenkontingents überschreitet. Das Kontingent war ursprünglich 250 Mill. M., wurde 1901 auf 450 Mill. M. erhöht und ist heute infolge des Akkreszenzrechts der Bank auf rund 473 Mill. M. angewachsen. In Oesterreich hatte man von 1862—87 die englische Peelsakte kopiert, wobei das Kontingent für nicht bargedeckte Noten auf 400 Mill. Kr. fixiert wurde. 1887 wurde dann genau unsere Notensteuer angenommen und nur das steuerfreie Kontingent auf 400 Mill. Kr. festgesetzt. Neuerdings wird auch dort diese Beschränkung auf 400 Mill. als lästig empfunden und die gänzliche Beseitigung der Notensteuer von verschiedenen Seiten angeregt. Norwegen verlangt 6 pCt. Steuer bei Ueberschreiten der Kontingentsgrenze von 35 Mill. Kr.; Dänemark 5 pCt. bei über 38 Mill. Kr. Italien hat eine Staffelung: Dort ist von den 3 Banken mit Einschluss der bereits erwähnten Notensteuer während einer Kontingentsüberschreitung (Kontingent heute 864 Mill. L.) bis zu 62,5 Mill. L. an den Staat vom Mehrumlauf $^2/_3$ des normalen Diskontsatzes, von 62,5—125 Mill. L. Ueberschreitung der volle Banksatz, auf den Mehrumlauf berechnet, abzuführen. Von einem noch grösseren Notenumlauf zieht der Staat ausser der Zirkulationssteuer von 1 pCt. noch das Doppelte des betr. Diskontsatzes ein. Im vergangenen Jahre ist jedoch den italienischen Notenbanken zur Linderung der Geldnot die Ueberschreitung der Kontingentsgrenze ohne Zahlung der Notensteuer gestattet worden. Der vorgesehene steuerfreie Notenumlauf erwies sich während der Hochkonjunkturperiode als zu niedrig bemessen. Aus dem gleichen Grunde hat auch Serbien in den Jahren 1907 und 1908 seiner Nationalbank zu einer Erhöhung der Banknotenzirkulation die Genehmigung erteilt. In Belgien erhebt der Staat $^1/_4$ pCt. pro Semester auf die durchschnittliche Notenzirkulation über 275 Mill. Fr. Die schweizerische und rumänische Nationalbank haben keine Maximalgrenze des Notenumlaufs und auch keine Notensteuer. Beiden Banken ist nur 40 pCt. Bardeckung für die Noten vorgeschrieben. Auf diese Weise ist hier die nötige Elastizität in der Banknotenzirkulation gesichert, da bei dieser Regelung die Verkehrsbedürfnisse allein die Höhe des Notenumlaufs bestimmen.

Einerseits wollte man zwar bei uns (besonders Camphausen), belehrt durch die üblen Erfahrungen des starren englischen Systems und die dort öfters erfolgte Suspension der Bankakte, eine grössere Elastizität im Notenumlauf herbeiführen, andererseits aber mit dieser Strafsteuer von 5 pCt. in Verbindung mit der Vorschrift der $^1/_3$-Deckung Expansionsgelüsten der Bank entgegentreten. Die Steuer soll ein Warnungssignal sein und ein Uebermass von Kreditmitteln im Verkehr verhindern. M. E. ist diese Auffassung antiquiert. Wenn das Kontingent lange Zeiträume hindurch dauernd überschritten wird (1906 bei uns 17 mal, 1907 25 mal, in Oesterreich 1907 z. B. 21 mal), wenn der Banksatz im allgemeinen wirtschaftlichen Interesse und ohne Rücksicht auf die Steuer festgesetzt wird, so dass die Bank mitunter aus ihrer eigenen Tasche zuzahlt, welche andere Berechtigung als finanziellen Vorteil für den Fiskus soll dann eine solche Notensteuer noch haben? Oder hält das Reich etwa bei einem Umlauf von 473 Mill. M. ungedeckter Noten einen Diskontsatz von 5 pCt. minimal für angemessen? Oder glaubt es überhaupt ernstlich, eine berechtigte Höchstgrenze, die man alle 10 oder 20 Jahre einmal erweitert, für die Notenemission statuieren zu können? Man kann doch von der Bank vernünftigerweise nicht verlangen, dass sie an Ultimo-, Quartals- und Jahresabschlusstagen für die mangelhafte Ausbildung unseres Scheckverkehrs und anderer goldsparender Zahlungsmittel eine Strafsteuer zahlt. Ferner beispielsweise dafür, dass die Privatnotenbanken jeweils am Tage vor dem Wochenausweise ihre Wechsel, soweit sie sonst der Steuer unterliegen würden, an die Reichsbank abschieben und so die Steuer auf diese abwälzen. Die Höhe des Notenumlaufs ist durch fortwährend schwankende Konstellationen des Geld- und Kapitalmarktes bedingt und diese kann der Staat doch nicht in einer festen Ziffer ausdrücken. Es erscheint daher einmal das Warnungssignal zu früh, das andere Mal zu spät.

Leider ist vorauszusehen, dass man aus Opportunitätsgründen an der Steuer, die, infolge ihrer eigenartigen Nutzanwendung durch die Reichsbank, glücklicherweise nicht geschadet hat, nicht rütteln wird, und es ist nicht einmal zu hoffen, dass wenigstens eine veränderliche, ev. progressive Steuer nach der jeweiligen Höhe des Banksatzes sie ablösen wird. Ein nennenswerter finanzieller Ausfall käme nicht in Frage, da doch das Reich den alsdann höheren Gewinn zu $^3/_4$ wieder einstreichen würde. Das einzig richtige Warnungssignal, das auf der Vorschrift des Verhältnisses des Metallvorrats zur Notenzirkulation beruht, bliebe ja nach wie vor bestehen. Auch in Frankreich, wo Gründe ganz anderer Natur allmählich bis zu einer Höchstgrenze des Notenumlaufs von heute 5,8 Milliarden Fr. geführt haben, hat das Festhalten an einer solchen Grenze keinen rechten Sinn mehr, nachdem das Land seit 1878 andauernd die Zeiten des Zwangskurses hinter sich hat; zumal das Kontingent jeweils den Verkehrsbedürfnissen entsprechend vom Staate erhöht wird. Dieses Erhöhungsrecht des Staates wurde 1896 im Senate lebhaft angegriffen. Der Berichterstatter erinnerte dabei an ein Wort von Léon Say 1875: „Die Beschränkung des Notenumlaufs hat nur den einen Zweck, den Minister darauf aufmerksam zu machen, dass er nicht über den Notenbetrag hinaus verfügen kann, den die Bank in Umlauf zu setzen berechtigt ist.“ Mit Abschaffung des Notenkontingents fürchtet man dort also (wohl übertrieben) das Verteidigungsmittel zu schwächen, das die Bank ev. gegen Regierungsforderungen in Anwendung bringen kann.

Fast ausschliesslich nach Gesichtspunkten der mehr oder minder grossen Gefährlichkeit finanzieller Verbindung mit dem Staate werden die jetzt zu behandelnden temporären und permanenten Vorschüsse der Banken an Finanzverwaltungen zu beurteilen sein.

C. Temporäre Vorschüsse an den Staat

in Form von Schatzscheindiskontierung für den Fall, dass in den staatlichen Kassen Geldeingänge zeitlich nicht mit den Staatsausgaben sich decken. Bei uns hat das Reichsschatzamt die Ermächtigung zur Ausgabe von Schatzscheinen zwecks vorübergehender Stärkung der ordentlichen Betriebsfonds der Reichshauptkasse, deren eiserner Bestand nicht unter 10 Mill. M. sinken soll. Die Höchstgrenze der Schatzscheinausgabe war für die Etatsjahre 1892—1901 175 Mill. M. Die Grenze stieg 1902 auf 275 Mill. M., 1905 auf 350 Mill. M. und 1908 auf 475 Mill. M. Entsprechend dieser Erweiterung der Grenze ist die Reichsbank zu Schatzscheindiskontierung in immer grösserem Umfange vom Reiche herangezogen worden, obwohl eine Verpflichtung hierzu nirgends statuiert ist. In einer Reihe anderer Länder dagegen ist den Zentralbanken eine Höchstgrenze für die Schatzscheindiskontierung vorgeschrieben. In Belgien z. B. 20 Mill. Fr. also 40 pCt. des A. K.[6]) In den Jahren 1904—1907 hat die Bank dort 70, 70, 75 und 76 Mill. Fr. Schatzscheine insgesamt das Jahr über diskontiert. Ferner besteht eine Maximalgrenze für Schatzscheindiskontierung in Serbien von 30 pCt.[7]) und in Rumänien von 20 pCt. des eingezahlten A.-K. Die Reichsbank dagegen geniesst, wie gesagt, nicht den Schutz einer Beschränkung und wird dementsprechend besonders seit 1900 vom Reich mit sehr ungleich hohen Beträgen in Anspruch genommen. Diese Schatzscheindiskontierung ist heute in eine Pumpwirtschaft ausgeartet, wie ich sie ähnlich ausgedehnt in Staaten mit geordneten Finanzen nicht wieder habe finden können. Da werden vom Reiche, das doch zumeist in Geldverlegenheit ist, grossmütig den Einzelstaaten die Matrikularbeiträge „gestundet" und, um selbst zu Kasse zu kommen, andauernd Schatzscheine bei der Bank diskontiert. Es ist gerade keine gute Finanzwirtschaft, wenn der Staat anderen Gelder freiwillig vorschiesst,

---

[6]) Die Dauer der diskontfähigen Schatzscheine darf 100 Tage nicht überschreiten. Der Diskontsatz wird im Einvernehmen mit dem Minister fixiert.

[7]) Ferner im Bedarfsfall seit 1908 noch 10 Mill. Dinare ausserordentlich auf Grund besonderer Vollmachten ausgegebener Schatzscheine.

wenn er selbst borgen muss. Und noch bedenklicher hört sich diese Praxis an, wenn so durch das Reich die Liquidität der Bank geschwächt wird und die Zinssätze, die in den Jahren 1906 und 1907 z. B. ohnedies drückend genug waren, noch weiter in die Höhe getrieben werden. Etwaige Rediskontierungen der Bank, um sich zu erleichtern oder um die Zinssätze am offenen Markte zu beeinflussen, schaffen diesen Missstand nicht aus der Welt. Die Gelderfordernisse des Reiches können ihrem Werdegang nach nicht als vorübergehender Kassenbedarf angesehen werden, sondern stellen einen dauernden Bedarf dar und enden in der alljährlich wiederkehrenden Reichsanleihe. Ein Beispiel: Für das Jahr 1904 wurde der Geldbedarf des Reiches auf ca. 180 Mill. M. veranschlagt und fand zunächst in der Kontrahierung schwebender Schulden bei der Reichsbank seine Deckung. Infolgedessen wurden nach Aussage des Bankpräsidenten die Anlagen der Bank weit höher als in den Jahren zuvor und die steuerfreie Notenreserve um 100 Mill. M. geringer. Im September wurden dann 100 Mill. M. 3½ proz. (also festverzinsliche) Schatzanweisungen an Banken zu 99½ begeben. Im April des folgenden Jahres hatte die Reichsbank schon wieder 250,16 Mill. M. Schatzscheine im Portefeuille, also rund ⅓ ihres damaligen Wechselbestandes! Im gleichen Monat kam die neue konsolidierte Reichsanleihe von 330 Mill. M. zur Emission. Je länger nun die Konjunktur andauerte und der Status der Bank sich verschlechterte, in desto grösserem Umfange nahm das Reich seinen Kredit bei der Bank in Anspruch. Man kann dies leicht feststellen, da die Bank ihre Effektenanlage gesondert ausweist und nicht etwa, neueren Vorschlägen folgend, sie in den Wechselbestand miteinrechnet. Der Höchstbestand in Effekten (also fast ausschliesslich Schatzscheinen) war in den Jahren 1901—1908: 129,8 Mill., 187,7 Mill., 219,3 Mill., 223,5 Mill., 250,1 Mill., 262,7 Mill., 260,7 Mill. und 285,7 Mill. M. (am 7. Oktober 1908). Die Anspannung der Bank ersieht man z. B. aus folgender Zusammenstellung:

in 1000 M.

am	Wechsel	Lombard	Effekten	in pCt. des Wechselbestandes	Bankdiskont
31. 12. 06	1 338 957 [8])	284 522	262 697	20	7 pCt.
7. 1. 07	1 126 573	157 711	260 727	23,1	7 pCt.
15. 1. 07	986 173	99 767	230 994	23 1/2	7 pCt.
23. 2. 07	870 847	56 186	73 533	8,4	6 pCt.

Wenn die Bank in so schwierigen Zeiten wie Ende 1906, als sie fast an der äussersten Grenze der 1/3-Deckung angelangt war, so gewaltig noch durch staatliche Ansprüche beengt wird, wer soll da noch wissen, ob Diskontänderungen durch Industrie- oder Staatsansprüche hervorgerufen werden? Die Rekordziffer in der Schatzscheindiskontierung seit Bestehen der Bank war am 7. Januar 1909 erreicht, wo die Bank bei einem Wechselbestande von 983 1/2 Millionen M. 403 Mill. M. (also über 40 % ihres Wechselportefeuille) Schatzscheine im Portefeuille hatte! Ganz abgesehen von der Beunruhigung des Geldmarktes denke man doch nur etwa an den Eintritt politischer Verwickelungen in solchen Zeiten. Wie soll da die Bank dem Reiche bei der finanziellen Mobilmachung überhaupt wirksam zu Hilfe kommen können, bis der Staatssäckel sich im Laufe von Wochen und Monaten durch das Geld der Sub-

[8]) Nur in 3 Ausweisen seit ihrem Bestehen hatte die Bank eine noch grössere Wechselanlage.

skribenten füllt? Obendrein muss doch das Reich damit rechnen, dass seine Anleihen gerade in solcher Zeit, besonders wenn einige Schlachten verloren sind, vielleicht nur partiellen Erfolg haben werden. Ist doch schon in normalen Zeiten die Aufnahmefähigkeit unseres Anleihemarktes durch die alljährlichen Emissionen und die Systemlosigkeit in der Art des Vorgehens nicht selten eine sehr beschränkte. Es steht mit grosser Wahrscheinlichkeit zu erwarten, dass bei einem Krieg mit einer europäischen Nation die Reichsbank als Geldgeber des Reiches recht ausgiebig mitzuwirken haben wird. Der moderne Kriegsschatz besteht in den Metallbeständen der Bank, und diese müssen in Friedenszeiten durch den Staat unter allen Umständen geschont werden, damit er im Kriegsfall keiner geschwächten Zentralbank gegenübersteht.

Als Abhilfemittel wurde schon die Aufnahme einer Anleihe zur Verstärkung der Betriebsmittel der Reichshauptkasse vorgeschlagen. Eine solche würde meines Erachtens doch auf dasselbe hinauslaufen, wie eine direkte Reichsanleihe am Markte zur Ablösung von Schatzscheinen. Also: cui bono? Mir scheint ein anderer Weg gangbarer: Könnte das Reichsschatzamt nicht, ähnlich wie in England und Frankreich, den obendrein billigeren Weg einschlagen, seine Schatzscheine am offenen Markte zu diskontieren? Etwa unter Herbeiführung einer offiziellen Notiz? Eine solche wäre wohl nötig, wenn man auch heute gewöhnlich die Schatzscheine als Privatdiskonten am Markte entgegennimmt. Denn ebensogut könnte heute jeder Diskonteur ihre Lieferung ablehnen. Entweder müsste dann aber bei einer Begebung am offenen Markte mit etwas mehr Geschicklichkeit in der Zeit und Häufigkeit des Verkaufs als bei unseren Reichsanleihen vorgegangen werden, oder aber müsste die Negoziierung einer urteilsfähigeren Stelle (in diesem Falle am besten der Reichsbank) übertragen werden.

Die Bank von Frankreich z. B. kann mit den niedrigen Marktsätzen von oft nur $1\frac{1}{2}$—2 pCt. (dort setzt der Minister den Diskont für die abzugebenden 3—6 Monate, maximal 1 Jahr laufenden Schatzscheine fest) gar nicht konkurrieren. Die Bons du Trésor sind, wie in England die Treasury bills, von Anlegern temporär disponibler Kapitalien — hauptsächlich von Banken — regelmässig gesucht und aus dem Portefeuille der beiden Zentralbanken nahezu seit Jahren verschwunden. Der bei der Bank von Frankreich um 20 Mill. Fr. herum schwankende Betrag stellt nur die Summe der von Privaten ihr verkauften Schatzscheine dar. Denn der französische Staat hat eine schwebende Schuld von häufig über 1 Milliarde Francs, die zu einem guten Teil aus Schatzscheinen besteht. Die englische Regierung hat zur Zeit über 14 Mill. Lstrl. Treasury Bills, die auf die Staatskasse oder die Bank von England gezogen sind, am offenen Markte begeben, so dass dadurch die Diskontopolitik der Bank direkt nicht irritiert wird. Im Gegenteil tendieren dadurch Bank und Marktsatz einander näher zu kommen, was dort im Interesse der Herrschaft der Zentralbank über den Geldmarkt liegt. Der Staat lässt sich ausserdem fast jedes Quartal bei der Bank von England, wenn Kassendefizits eintreten, Buchkredite eröffnen; m. a. W. er überzieht sein Konto bei seinem Bankier, ohne Treasury Bills zu hinterlegen. Diese verzinslichen Vorschüsse müssen jedoch jeweils im selben Quartal noch aus laufenden Einnahmen abgedeckt werden.

Frankreich.

England.

Interessant und nachahmenswert ist die Art der Begebung der Schatzscheine in England. Das dort übliche Tendersystem vereinigt in sich die grössten Vorzüge für den Staat. Dieser schreibt die Anleihen resp. Schatzscheine aus und nimmt Offerten zu einem von ihm festgesetzten Minimalpreis entgegen. Wer mehr bietet, wird bevorzugt. Die Konkurrenz der Angebote geht also auf den Preis. Erst in der zweiten Hälfte des Oktober d. J. wurden wieder auf diesem Wege 3 Mill. Lstrl. Treasury Bills mit 3 monatlicher Laufzeit begeben. Sie wurden unter Beteiligung des Kontinents $2^1/_2$ mal überzeichnet. Der erzielte Durchschnittsdiskont war $1^{13}/_{16}$ pCt.

Es ist nicht abzusehen, weshalb nicht auch unsere Grossbanken, wenn auch nicht im selben Umfange, Schatzscheine als geeignete Anlage für einen Teil ihrer Depositengelder in die Portefeuilles zu übernehmen in der Lage sein sollten. Die Schatzscheine würden voraussichtlich dann auch im Auslande, das sich aus mancherlei Gründen von der Uebernahme von Reichsanleihe fernhält, in grösserem Umfange vorübergehend Nehmer finden.

Ich will aber keineswegs dafür plädieren, dass das Reich so in die Lage versetzt werden soll, seine schwebende Schuld etwa wie in Frankreich zu steigern. Das wäre eine unerfreuliche Erscheinung. Erst ist eine durchgreifende Finanzreform nötig, dass die Defizits wirklich nur Kassendefizits werden und dann erst mag die Diskontage der Schatzscheine am offenen Markt folgen. Dann kann man auch bei solider Finanzgebarung, wenn im Laufe der Jahre eine Anleihe unvermeidlich wird, diese ev. durch ausgiebigere Benützung von Schatzscheinen zu einem geeigneteren Zeitpunkte herausbringen. Zur Vorbereitung des Marktes wäre allerdings im Interesse des Reichsanleihemarktes sehr erwünscht, dass das jeweilige Guthaben des Reichs bei der Reichsbank nicht länger geheimgehalten wird. Der Markt will wissen, wie es mit dem Geldbedarf der Regierung steht, ob Anleihen bald zu erwarten sind u. a. m. Unsicherheit wegen des Erscheinens neuer Anleihen lassen häufig unbegründete Gerüchte entstehen, die den Staatsfondsmarkt schädigen. Wenn in der Reichstagskommission 1899 der Vertreter des Bundesrats die Befürchtung ausgesprochen hat, dass eine Publizierung dieser Ziffern für die Reichsfinanzen zu grossem Nachteil führen könne, da die genau orientierten Banken ihre Offerten entsprechend bemessen würden, so zeugt diese schiefe Auffassung nur von mangelnder Sachkenntnis. Wenn andauernd Schatzscheine in solcher Höhe wie seit Jahren diskontiert werden, so ist unschwer zu erraten, dass das Reich in steter Geldnot lebt. Vielleicht wird es eine praktische Folge der Bankenquête sein, dass die Staatsbestände nicht länger als Geschäftsgeheimnis seitens der staatlichen Stellen behandelt werden und dass auch die Reichsbank, die sicherlich gegen die Veröffentlichung dieser Ziffern nichts einzuwenden hat, ermächtigt wird, die Gepflogenheit anderer westeuropäischer Zentralnotenbanken anzunehmen.

Wenden wir uns nunmehr zu anderen Staaten:

In Oesterreich besorgte die Bank bis 1899 die kommissionsweise Lieferung und Prolongation der kurzfristigen Staatsschuldverschreibungen, die unter dem Namen Salinenscheine umlaufen. Diese Funktionen sind jedoch seit 1902 der Postsparkasse übertragen, so dass die Bank an Salinenscheinen überhaupt nicht mehr beteiligt ist. In Dänemark emittiert der Staat schon seit vielen Jahren keine Schatzscheine mehr. In Holland war die Bank bis 1903 zu verzinslichen Vorschüssen an den Staat bis zu 5 Mill. fl. verpflichtet. In diesem Jahre wurde die Grenze auf maximal 15 Mill. fl. erhöht und zwar ist dieser Vorschuss jetzt zinslos zu gewähren. Die Verpflichtung zu Staatsvorschüssen hört auf, sobald der Staat Papiergeld emittiert, oder wenn der Metallbestand der Bank unter 10 Mill. fl. sinkt. Im Jahre 1907 z. B. war der Staat dauernd Schuldner der Bank und der Vorschuss mit durchschnittlich 11 394 000 fl. in Anspruch genommen. In Italien sind die Zettelbanken verpflichtet, dem Staate gegen Hinterlegung von Staatsschuldtiteln oder Schatzscheinen zum festen Zinssatz von $1\frac{1}{2}$ pCt. bis zu 125 Mill. Lire vorzuschiessen; die dagegen ausgegebenen Banknoten bleiben steuerfrei. In den letzten Jahren hat aber der Staat von diesem Rechte keinen Gebrauch gemacht.

Das berühmteste Beispiel für ausgiebige Hilfeleistung der Bank in Kriegszeiten haben wir in Frankreich. Was wäre dort 1870/71 geschehen, wenn Staats- und Bankkredit vermengt gewesen wären, als die Steuerquellen versagten und der Staat im Verlauf des Krieges bei der Bank 1470 Mill. Fr. zuerst mit 3 pCt., von 1872 ab mit 1 pCt. verzinslich borgen konnte, ohne dass damals ein grösseres Disagio auf die Noten (25 ‰) eingetreten ist? Die Bank hat damals den Staat gerettet, weil sie keine Staatsbank war (Thiers). Bereits 1874 existierte der Zwangskurs nur noch dem Namen nach und nur aus Vorsicht hat man ihn noch einige Jahre bestehen lassen, obwohl die Bank die Barzahlungen bereits aufgenommen hatte. Wenn diese nicht so unabhängig vom Staate gewesen wäre, hätte dieser kaum so regelmässig und gewissenhaft seine Schuld im Kampfe gegen ganze Parlamentsgruppen amortisiert. Wie viel mehr hätte sich in solchen Zeiten eine Regierung populär machen können, wenn sie, anstatt der Bank Vorschüsse zurückzuzahlen, die Steuerpflichtigen weniger stark herangezogen hätte! Die rasche Rückzahlung verminderte erheblich die Notenzirkulation und hatte eine kolossale moralische Wirkung. Es gibt wohl auch keinen zweiten Fall in der Geschichte, wo ein Land in so kurzer Zeit aus der Periode des Zwangskurses ungeschädigt hervorgegangen wäre. Das war die Belohnung dafür, dass man die Unabhängigkeit der Bank hochgehalten hatte. Dass bei einer vollständigen Scheidung, die mir das Ideal der Beziehungen zwischen Staatskredit und Bankkredit zu sein scheint, die Bank etwa ihre finanzielle Mitwirkung dem in Not befindlichen Staate versagen sollte, steht nicht zu befürchten und lässt sich auch wohl kaum durch Beispiele belegen. Natürlich muss sich auch dann die Bank von dem obersten Prinzip der Erhaltung ihres Kredits leiten lassen. Dass die Bank von Frankreich 1871 z. B. einem Heisssporn Gambetta nicht gleich ihre Keller geöffnet hat, kann ihr ein vernünftig Denkender doch nicht zum Vorwurf machen. Nehmen wir ferner Oesterreich als Beispiel: Auch hier hat die Nationalbank 1859 und 1866 den Staat durch Vorschüsse instand gesetzt, den Krieg weiterzuführen; ebenso die italienischen Banken 1866. Frankreich hat ferner einen geheimen Vertrag mit seiner Bank für den Kriegsfall abgeschlossen, wonach diese die gleichen Funktionen wie 1870—1871 in einem Kriege übernehmen wird (nach Aussage des Ministers in der Deputiertenkammer). In England kann sich der Staat bei Kriegsausbruch mit parlamentarischer Genehmigung bei der Bank Buchkredite eröffnen lassen. In Italien müssen die 3 Notenbanken laut Bankgesetz 411 ½ Mill. L. getrennt von den übrigen Metallbeständen reservieren. Dieser Betrag dient ausschliesslich dazu, die Banknotenzirkulation zu garantieren und steht unter permanenter Kontrolle des Staates. Dieser hat also für die dauernde Existenz eines recht beträchtlichen Barfonds, dem man wohl die Bedeutung einer Art Kriegsschatz beimessen kann, Vorsorge getroffen.

Bei uns, wo die Bank mehr als irgend eine der kontinentalen und mehr als die englische unter beinahe staatlicher Leitung steht, sind infolge der üblen Erfahrungen in anderen Ländern strenge Vorschriften wegen Vorschussgewährung an den Staat in das Bankgesetz aufgenommen worden. Es müssen nämlich aussergewöhnliche Geschäfte mit den Finanzverwaltungen, bei denen andere als die allgemein geltenden Bedingungen des Bankverkehrs in Anwendung kommen sollen, zur Kenntnis der vom Zentralausschuss gewählten Deputierten gebracht werden. Und wenn nur einer darauf anträgt, ist die Angelegenheit dem Zentralausschuss vorzulegen, der mit Stimmenmehrheit entscheidet. So wird ein gewisses Gegengewicht gegen unberechtigte Ansprüche der Finanzverwaltungen geschaffen, welche die Vertretung der Anteilseigner am ehesten abwehren kann. Derartige Geschäfte sind mit dem Reiche noch nicht gemacht worden; dieses hat aber auch seit Bestehen der Bank noch keine schweren Zeiten durchgemacht.

Von temporären zu permanenten Vorschüssen der Banken an die Finanzverwaltungen ist nur ein kleiner Schritt. Häufig sind letztere aus ersteren historisch geworden.

D. Dauernde Vorschüsse der Banken.

Früher, als der Staatskredit noch nicht so demokratisiert war wie heutzutage, war es eher verständlich, wenn der Staat in Finanznöten an die Zentralnotenbank appellierte.

Ein Ueberbleibsel aus jenen Zeiten ist z. B. die

Immobilisation des A.-K. in Staatsrenten in England und Frankreich.

Die französische Bank kaufte zuerst auf Weisung Napoleons I. Staatsrenten in einer Zeit des Zwangskurses, in der sie auch sonst unter Opposition immer wieder den exzessiven Regierungsforderungen nachgeben musste. Ihrer Rolle als staatlicher Geldgeber verdankte sie die wiederholte Ausdehnung und Erneuerung ihres Privilegs. Im Jahre 1847 hat die Bank ihren ganzen Rentenbestand an die russische Regierung verkauft. Nach wenigen Monaten aber schon subskribierte sie wieder aus eigener Initiative einen grösseren Posten Renten. Als der Staat 1857 wieder in finanzieller Bedrängnis war, wurde das A.-K. von 91,125 Mill. Fr. verdoppelt; gleichzeitig mussten aber 100 Mill. Fr. in Staatsrenten immobilisiert werden, so dass die Mittel der Bank tatsächlich geringer wurden. Zwar wurde von der Regierungs-Kommission als Grund angegeben, man wolle das Vertrauen des Publikums zu der Bank durch Erhöhung des Garantiekapitales stärken; in Wahrheit aber wollte der Staat mit Bankgeldern Budgetdefizits ausgleichen. Heute hat die Bank 212,6 Mill. Fr. in Renten (laut Bilanz pro 1907) angelegt. Aktienkapital und Reservefonds sind also immobilisiert. Wäre es statt dessen nicht besser, ein Portefeuille in Devisen zu haben, die im Kriegsfall nicht so sehr entwertet würden, oder die eigenen Mittel, wie bei uns z. B. im regulären Bankbetriebe mitarbeiten zu lassen und so liquide zu halten? Es ist doch auch bankpolitisch weit besser, wenn durch letztere Verwendung der eigenen Mittel ein günstigeres Deckungsverhältnis für die Noten hergestellt wird. Die Effektenanlage der französischen Bank hat ebenso wie die der englischen nur historische, keinerlei prinzipielle Bedeutung. Frankreich.

Die Bank von Frankreich hat ferner dem Staate zu verschiedenen Zeiten Darlehen in Gesamthöhe von gegenwärtig 180 Mill. Fr. gegen Hinterlegung von Schatzscheinen gegeben. Diese Vorschüsse sind seit 1897 nicht mehr verzinslich und können von der Bank vor 1920 auch nicht teilweise zurückgefordert werden. Die Regierung will heute diese Vorschüsse damit rechtfertigen, dass sie sagt, der Staat unterhalte dauernd ein grösseres Guthaben bei der Bank und diese würde sonst ungerechtfertigt in hohen Zinsengewinn kommen. Vor 1897, als das Darlehen noch verzinslich war, wurden jeweils nur vom Saldo, nach Kompensation der Staatsguthaben mit den Vorschüssen, vom Staate Zinsen gezahlt. Gewiss eine geschickte Kombination; aber trotzdem müssen diese 180 Mill. Fr. charakterisiert werden als ein verschieden hoch in Anspruch genommener permanenter Kredit des Staates bei der Bank, der besser aus der Welt geschafft würde. Wir werden uns mit diesem Vorschusse noch in anderem Zusammenhange zu befassen haben.

England. In England wurde das Bankkapital jeweils um den Betrag erhöht, den die Bank dem Staate als Vorschuss gab. Heute beträgt der mit 2½ pCt. verzinsliche Vorschuss noch 11,015 Mill. Lstrl. und dient nebst weiteren 7,435 Mill. Lstrl. Staatsschuldverschreibungen, welche die Bank in ihrem Besitz hat, als Unterlage für das nicht metallisch gedeckte Notenkontingent von 18,45 Mill. Lstrl. Ferner besass die Bank September 1903 z. B. laut Bankausweis bei einem A.-K. von 14,553 Mill. Lstrl. rund 15½ Mill. Lstrl. Staatspapiere. Bei einer Kündigung des Privilegs, die mit 12monatlicher Frist geschehen kann, muss der Staat seine Schuld zurückzahlen. Es ist zu verwundern, dass man in England, wo immer Projekte zur Verstärkung der vermeintlich ungenügenden Barreserven des Landes ausgedacht werden, noch nicht zur Beseitigung der Staatsschuld durch eine Konsolemission geschritten ist. Abgesehen von diesem Ueberbleibsel aus früheren Zeiten ist heute die Bank vielleicht die unabhängigste vom Staate. Dieser ist zwar ein privilegierter Ausnahmekunde, hütet sich aber wohl, parasitär die Bank seinen Zwecken dienstbar zu machen.

In Oesterreich war die frühere Nationalbank lange Zeit die einzige Quelle, aus der der Staat schöpfte, um den steigenden Geldbedürfnissen gerecht zu werden. Die Bank hatte an Wiederaufnahme der Barzahlungen gar kein Interesse, da sie bei dieser Vorschusswirtschaft ganz gute Gewinne machte. Später im Jahre 1863 nahm der Staat die Bank durch einen permanenten Vorschuss von 160 Mill. Kr. in Anspruch, der erst 1899 auf 60 Mill. Kr. reduziert wurde, wozu die Bank noch 28,3 Mill. Kr. aus ihrem Reservefonds beisteuerte. In dieser Höhe existiert der Vorschuss heute noch. Er wurde vielfach früher als Entgelt für das Notenprivileg angesehen, blieb aber weiter bestehen, als der Staat sich 1878 am Gewinne der Bank beteiligte. Diese musste also ihr A.-K. früher ganz bedeutend wässern, um für den durch den Staatsvorschuss bedingten Mehrumlauf an Noten die nötige Metalldeckung zu haben. Die Bank wollte diesen ungesunden Zustand los sein, und hat auch die Regierung durch eine Note ersucht, sie möchte ihre Schuld von 160 Mill. Kr. abtragen mit Rücksicht auf die unbedingt gebotene Stärkung der Bank. Man könne dann das A.-K. der Bank vermindern und den Gewinn des Staates erhöhen. Jetzt sind dort vorsichtigerweise Kautelen geschaffen, um eine Vorschusswirtschaft nicht mehr aufkommen zu lassen. Die Bank kann gemäss Art. 55 der Statuten Geschäfte mit den Finanzverwaltungen

Oesterreich.

nur insoweit eingehen, als hiermit eine Darlehens- oder Kreditgewährung seitens der Bank nicht verbunden ist. (Der schweizerischen Nationalbank ist die Leistung ungedeckter Vorschüsse an den Staat ebenfalls verboten.)

Wir wollen noch in aller Kürze einige andere Zentralbanken nach diesen Gesichtspunkten untersuchen:

Belgien. In Belgien ist zwar der Staat von der Vorschrift einer nur teilweisen Immobilisation der eigenen Mittel der Bank zurückgekommen (bis 1872 war der Reservefonds in Staatspapieren zu belegen), um in finanzieller Notlage wirksamere Unterstützung bei der Bank zu finden. Die dortige Nationalbank hat aber ihr gesamtes Aktienkapital in Renten festgelegt.

Holland. In Holland kann der Reservefonds ganz und das A.-K. zu $^1/_5$ in holländischen Staatsschuldverschreibungen oder anderen statutenmässig näher gekennzeichneten Fonds angelegt werden. Die Bank hat dem entsprochen und besass z. B. Effekten dieser Art Ende März 1908 im Werte von 5028100 fl. für den Reservefonds und 3949500 fl. für das A.-K.

Norwegen. In Norwegen hat der Staat der Bank eine Effektenanlage in norwegischen Staatsfonds nicht vorgeschrieben. Die Bank hat bei einem A.-K. von $15^1/_2$ Mill. Kr. zurzeit über 10 Mill. Kr. fast ausschliesslich englische Konsols und deutsche Reichsanleihe resp. preussische Konsols daliegen.

Dänemark. In Dänemark besteht keinerlei Staatsvorschrift wegen Anlage des A.-K. und Reservefonds. In der Bankbilanz vom 31 7. 07 sind auch unter den Aktiven Effektenanlagen nicht enthalten.

Bulgarien. In Bulgarien kann die staatliche Nationalbank bis zur Höhe ihres Grundkapitals (10 Mill. Ls.) bulgarische Staatsfonds aufkaufen. Sie hatte dementsprechend in ihrem Portefeuille, da auch der gesamte Reservefonds in solchen Fonds angelegt ist, Ende 1906 unter ihren Aktiven 15,86 Mill. Ls. Staatspapiere. Ferner hat sie dem Staate ein Darlehen gewährt: 1904 betrug es 20 Mill., 1906 noch 15,46 Mill. Ls.

In Rumänien hat die Bank dem Staate ein Darlehen von 15 Mill. Lei gegeben (ihr A.-K. ist 12 Mill. L.) und behält die Gewinnrate des Staates alljährlich als Amortisationsquote zurück. Die Bank hat ihr A.-K. und den Reservefonds in rumänischer Staatsrente, zum kleineren Teil in Bukarester Stadtanleihen angelegt und besass Ende 1903 z. B. 29355700 Nom. Lei solcher Fonds. Rumänien.

In Italien besass die Banca d'Italia bei 180 Mill. Lire A.-K. 1902 z. B. 188,1 Mill. Lire italienische Schatzscheine und andere staatsgarantierte italienische Effekten auf Grund verschiedener Rechtstitel und Kombinationen, die im einzelnen zu besprechen hier zu weit führen würde. Den Teil ihres Effektenbestandes, über den die Bank frei verfügen kann, hat sie bis 1907 von 112 Mill. Lire auf 23,2 Mill. Lire verringert. Ihr gesamter Bestand figurierte aber 1907 in der Bilanz immer noch mit 145½ Mill. Lire. Darin ist ein Posten von 15,7 Mill. Lire als Anlage für den Reservefonds enthalten. Bei Verminderung ihrer freien Effektenanlagen ist die Bank von dem Bestreben geleitet, ihre Mittel dem Handel und der Industrie reichlicher zur Verfügung stellen zu können. Die Banknoten werden dort bis heute nicht in Bargeld eingelöst. Die Konkurrenz der in beträchtlichen Mengen zirkulierenden Staatsnoten ist bankpolitisch recht hinderlich für die Bank. Italien.

Wir haben noch in 3 Staaten den Zusammenhang von Staat und Bank durch Bankvorschüsse zu berühren.

In diesen 3 Staaten (Griechenland, Portugal und Spanien) hängen allerdings Staats- und Bankkredit so eng zusammen, dass man wirklich nicht weiss, wo die Staatsfinanzen aufhören und die Bankpolitik anfängt. Man müsste eine Geschichte der Staatsfinanzen geben, wollte man die enge Verbindung beider im Laufe der Zeiten wiedergeben. Diese Staaten sind so tief an ihre Banken verschuldet, dass die Banknotenzirkulation den Charakter von Staatspapiergeld angenommen hat. Erst 1905 ist wieder ein Gesetzentwurf der portugiesischen Kammer unterbreitet worden, der eine Erhöhung des Staatsvorschusses von 27 auf 40 Mill. Milreïs vorsah, um mit Hilfe der Bank die traurigen staatlichen Finanzen zu heben. Im Jahre 1906 betrug aber die Schuld des Staates 48,49 Mill. Milreïs. Dazu kamen noch 3,62 Mill. Schatzscheine, so dass der Staat der Bank 52,1 Mill. Milr. schuldete bei einem Notenumlauf von 68,6 Mill. Milr., einem Barvorrat der Bank von 11,92 Mill. und einem A.-K. von 13,5 Mill.! Im Jahre 1907, wo die Schuld des Staates insgesamt sogar 54,29 Mill. Milr. war, während für Landwirtschaft, Handel und Industrie nur Summen in Höhe von 48 Mill. Milr. aufgewendet wurden, hat die Bank die Hälfte ihres Reingewinnes aus diesen Staatsvorschüssen gezogen. Die Bank kann im Interesse von Handel und Industrie so gut wie nichts tun; sie dient in der Hauptsache als Pumpanstalt der Regierung und hat gar nicht die Möglichkeit, sich für andere Unternehmungen zu interessieren.

Portugal.

Spanien.

In Spanien ist der Staat in dauernder Abhängigkeit von der Bank und es ist der Regierung bis heute nicht geglückt, dieses Abhängigkeitsverhältnis zu lösen. Die Schuld der Staatskasse an die Bank von Spanien betrug 1904 700 Mill. Pes. Verschiedene Gesetzesentwürfe, die alle wieder unter den Tisch gefallen sind, bezweckten eine Abtragung der Staatsschuld bei der Bank und damit eine Verringerung des unmässig hohen Notenumlaufs, als dessen Folge auch u. a. das Agio auf Gold (1898—115 pCt.) anzusehen ist. Die Bank, die eher eine Staatskasse zum Ausgleichen budgetärer Defizits als eine Notenbank für Handel und Industrie ist, erzielt aus den Geschäften mit dem Staat kolossale Einnahmen: 1899 z. B. 62,8 Mill. Pes. Häufig hat sie in ihrem Portefeuille Hunderte von Millionen spanischer Staatsfonds, die ihr dadurch zufliessen, dass sie ihren Lombardsatz unter dem Realzins der spanischen Renten hält, so dass für viele Kapitalisten und Spekulanten die Zinsendifferenz einen angenehmen Gewinnbezug bildet. Die für die Lombardierung nötigen Gelder verschafft sich die Bank durch vermehrte Notenemission. Es handelt sich bei der Repatriierung der spanischen Renten, die auf so eigentümliche Art erfolgte, um enorme Summen. In den 80er Jahren z. B. wurden auf Grund der Zinsdifferenz von bis zu 2 pCt. (6 pCt. Realzins der Renten und 4 pCt. Lombardzins) rund 1 Milliarde Pes. spanische Renten von ausländischen Märkten importiert.

Aehnlich sieht es mutatis mutandis in Griechenland aus. Ich will dem Leser weiteres Zahlenmaterial ersparen; auch die prinzipielle Beurteilung der Erscheinungen ist durch die beiden letzten Beispiele bereits gegeben. Griechenland.

Diese Staatsvorschüsse sind das bedenklichste, was es an Verbindung des Staates mit der Notenbank gibt. Eine Bank kann nicht zwei Herren dienen; es sei denn, dass Industrie und Handel von ihr vernachlässigt werden. Wohin wir geschichtlich zurückblicken, sehen wir den Zwangskurs mit seinen traurigen Begleiterscheinungen als gewöhnliche Folge von Geschäften der Bank mit den staatlichen Finanzverwaltungen. So in England, Frankreich, Oesterreich, Norwegen, Schweden, Dänemark, Russland und den eben genannten Staaten.

Aus finanziellen Gesichtspunkten erscheint es nach diesen Ausführungen unverständlich, wie man in neuester Zeit dafür eintreten kann, dem Staat einen immer grösseren Einfluss auf die Zentralbanken zu geben, ja sogar sie zu Staatsbanken zu machen. Gewiss braucht man bei einer Verstaatlichung nicht gleich an Missbrauch der Bank durch die Finanzverwaltung zu denken. Aber auch eine reinliche Scheidung der Bank von der Finanzverwaltung scheint selbst bei gutem Willen fast ein Ding der Unmöglichkeit. Ist es bei dieser Intimität nicht zu verführerisch, budgetäre Defizits durch Notenemission auszugleichen? Niemand könnte dann noch wissen, ob Geldmarkt oder staatliche Ansprüche bestimmend sind für bankpolitische Massnahmen, die (wie z. B. die Diskontpolitik) überdies Gegenstand parlamentarischer Debatten werden und somit allerlei Einflüssen und unbankmässigen Wünschen ausgesetzt würden.

Dienste der Banken an den Staat.

Ausser geldlichen Leistungen aller Art haben fast sämtliche Staaten ihren Zentralbanken gewisse Dienste übertragen, vornehmlich haben sie sich ihre Mitwirkung gesichert im Interesse der Regelung und Ueberwachung des Geldumlaufs sowohl im Innern des Landes (z. B. Einziehung von beschädigten und unter Passiergewicht umlaufenden Münzen), als auch über die Landesgrenzen hinaus im Sinne einer Schutzpolitik für die Landeswährung. In Bankgesetzen und Bankstatuten finden sich gewöhnlich über die letztere Funktion nur einige kurze Bestimmungen. Ihre Ausführung macht aber eine Fülle bankpolitischer Massnahmen erforderlich. Als solche nenne ich nur: Handhabung der Diskontpolitik mit Rücksicht auf Goldabfluss, Devisenpolitik, Goldprämienpolitik, Gewährung zinsfreier Vorschüsse auf schwimmendes Gold, Goldankauf zu einem bestimmten Preis [9]) unter zeitweiser Erhöhung dieses Grundpreises, Verweigerung der Herausgabe von Barrengold, Herausgabe abgenützter Münzen zu Exportzwecken, Nichteinlösung von Banknoten in Gold an Grenzplätzen bei vermutlichem Goldexport usw. Zur wirksamen Durchführung einer solchen Schutzpolitik fehlen dem Staate Mittel und Wege, Uebersicht und sachkundige Beurteilung

---

[9]) Die Reichsbank hat von 1897—1907 allein 1 270 563 000 M. Gold aufgekauft mit einem Gewinne von nur 143 000 M.!

der Geldmarktkonstellationen, die Bank ist dagegen durch ihre Einrichtungen für eine solche Währungspolitik prädestiniert.

Sehr häufig werden auch die Notenbanken zur Mitwirkung im Interesse des Staatsschuldenwesens herangezogen. In England führt die Bank gegen Vergütung das Staatsschuldbuch und besorgt — kostenlos für die Konsolbesitzer — sämtliche Besitzübertragungen in jedem denkbaren Betrage, wie ein Kaufmann, der seinen Kunden in seinen Büchern Rechnungen eröffnet und Summen auf dem Konto zu- und abschreibt. Den Zinsendienst erledigt die Bank in der Hauptsache durch Buchübertrag vom Konto des Staates auf das des Gläubigers bei der Bank oder durch Aushändigung von Schecks an die Zinsenempfänger oder an Dritte (Banken). Eine so weitgehende Heranziehung der Bank ist nur in England möglich, weil dort nur ca. 150 000 Personen an der Staatsschuld interessiert sind und wegen der Eigenart der englischen Staatsschuld, die fast nur als Buchschuld besteht. In anderen Ländern beschränken sich die fast durchweg unentgeltlich geleisteten Staatsschuldendienste der Banken auf Kuponseinlösungen und Ausgabe neuer Zinsscheinbogen. Ferner vermitteln eine Reihe von Banken die Umwandlung von Staatsschuldverschreibungen in Schuldbuchforderungen und umgekehrt. In diesem Umfange trägt auch unsere Reichsbank zur „Demokratisierung" des Staatskredits und Erhöhung der Marktfähigkeit unserer Reichsanleihe bei. Diese Dienste verursachen ihr von Jahr zu Jahr mehr Arbeit und das Reich erspart alljährlich ca. 200 000 M. durch die Kuponseinlösungsdienste und die Aushändigung neuer Kuponsbogen durch die Reichsbank (andere Anleiheschuldner zahlen durchschnittlich $^1/_8$ pCt. Kuponseinlösungsprovision und 10 Pf. für jeden neu ausgehändigten Zinsscheinbogen); trotzdem scheint im allgemeinen Interesse die Ausübung dieser Funktionen durch die Bank geboten.

Ich will mir hier versagen, auf die lediglich zur Orientierung flüchtig skizzierten Arten von Dienstleistungen und die hiermit in Zusammenhang stehenden währungs- und bankpolitischen Probleme näher einzugehen; sie sind in letzter Zeit wiederholt Gegenstand von Abhandlungen gewesen. Vielmehr wollen wir uns hier mit einer bisher weniger beachteten dritten Kategorie von Diensten beschäftigen, die in die Bankorganisation am tiefsten eingreifen und der Bank viel Arbeit und Kosten verursachen. Es sind die Kassendienste für den Staat.

Zunächst soll das allen Ländern Gemeinsame zum Gegenstand prinzipieller Beurteilung gemacht werden und sodann eine Darstellung der konkreten Zustände für England, Frankreich und Deutschland folgen. Auch die österreichischen und belgischen Verhältnisse werden, soweit sie von Interesse sind, an verschiedenen Stellen ausführlicher zur Sprache kommen.

A. Umfang der Dienste und ihre Bedeutung für Staat und Bank.

Welche Kassendienste kann der Staat billigerweise von der Bank fordern? Ich will die Frage zur einfacheren Beantwortung zunächst negativ stellen und die Dienste ausscheiden, zu denen eine Notenbank vernünftigerweise nicht herangezogen werden sollte. Nicht zur Mission einer Bank gehört es, Steuern direkt zu erheben, den richtigen Steuereingang zur Verfallzeit zu sichern resp. zu kontrollieren, säumige Steuerzahler zu monieren und zu exekutieren . und sich mit Stundung oder Steuernachlass zu befassen. Das sind alles Funktionen, die als substantielle Staatsbefugnisse anzusprechen sind und unbedingt beim Staate verbleiben müssen. Es würde zu Kompetenzkonflikten führen, wollte der Staat der Bank die Kassendienste auch nur unter Prüfung der Richtigkeit und Ordnungsmässigkeit sowie der Verantwortlichkeit hierfür delegieren. Die Banken, die für einen solchen Dienst nicht eingerichtet sind, würden durch eine derartige Verschiebung ihres Wirkungskreises in ihren elementarsten Aufgaben geschwächt. In richtiger Würdigung dieses Umstandes haben die Staaten — wenigstens solche mit geordneten Finanzen — selbst dort, wo sie am weitesten gegangen sind und ihrer Bank (wie in England und Belgien, hier seit 1850) die Funktionen eines ausschliesslichen Staatskassierers anvertraut haben, Rechnungsämter mit Kontroll- und Anweisungsbeamten eingerichtet und der Bank nur den mechanisch-technischen Kassendienst übertragen. Die Banken in England und Belgien leisten also nur Zahlungen, wenn staatliche Anweisungsbeamte auf jeden an den Bankschaltern präsentierten Belag ihr visum gesetzt haben (in Belgien: vu, bon à payer). Dieses Signum deckt die Bank aber vollständig. Die englische und belgische Bank erheben auch nicht etwa Steuern direkt, sondern die staatlichen Steuerbeamten zahlen die eingezogenen Steuern jeweils bei der Bank ein.

Die einen argumentieren nun, diese Zentralisation der Staatskassendienste bei der Bank würden dieser eine ungerechtfertigte präponderierende Stellung verleihen und es dürfe ihr nicht ein Teil der Staatsfunktionen übertragen werden. Bei einem Vielbanksystem würde diese

Gefahr ihrer Meinung nach weniger vorhanden sein; aber die meisten Staaten hätten ja nur eine einzige Monopolbank. Andere wiederum befürchten eine gewisse Abhängigkeit des Staates von der Bank und somit der Finanzwelt des Landes; ja, sogar des Auslandes, sofern nämlich die Aktien der Bank im Auslande untergebracht seien. Letztere Gründe dürften doch etwas sehr theoretisch und überdies weit hergeholt sein. Ich wüsste jedenfalls keinen Staat mit geordneten Finanzen, wo diese Befürchtungen bis heute zur Wahrheit geworden wären. Gerade England beweist das Gegenteil. Nirgends sind Bank und Staat so scharf getrennt und der Kredit beider heute so unabhängig von einander wie dort, und doch ist die Bank die ausschliessliche Staatskassiererin in einem Umfange wie in keinem zweiten Lande. Staaten dagegen in schlechter Finanzlage leben doch so wie so alle bei mehr oder minder beschränkter Aktionsfreiheit in Abhängigkeit von in- und ausländischen Kapitalmächten. Wenn nur der Staat sich hütet, in politisch und finanziell schwierigen Zeiten auf die Bankbestände zurückzugreifen resp. eine dauernde Verschuldung bei der Bank vermeidet, wird ihm diese Intimität sicherlich nicht zum Schaden gereichen.

Ich halte vielmehr im Gegensatz zu diesen divergierenden Ansichten die vollständige Uebertragung des staatlichen Zahlungsgeschäftes an die Bank für den erstrebenswerten Idealzustand, der in sich die grössten Vorteile für beide Teile vereinigt.

Vorteile für die Bank.

Einmal für die Bank. Durch die Zentralisation der Staatskassenbestände bei der Bank werden bedeutende Kapitalien in Geldform, die sonst nutzlos in vielen Kassen zersplittert thesauriert sind, dem Handel und der Industrie durch die Bank zugeführt. Schon 1874 war dies ein

Postulat Bambergers. Er sagte: „Ich halte von selbständigen Staatskassen garnichts. Diese Gelder müssen da zusammenfliessen, wohin sie gehören, in das öffentliche Geldreservoir.“ Im Interesse einer zweckmässigen Zinsfusspolitik der Bank dürfen nicht überall grosse Geldbestände aufgespeichert werden. Bei uns ist dieser Forderung erst in neuester Zeit durch den rasch erfolgten Anschluss öffentlicher Kassen an den Giroverband der Reichsbank mehr Rechnung getragen worden. Uebertrieben, ja sogar irrig wäre es indes, zu glauben, dass die Uebertragung der Staatskassenbestände einen andauernd niedrigeren Bankdiskont ermöglichen. Ein nicht in den Geldmarktverhältnissen gerechtfertigter Zinssatz würde vielmehr in Bälde die Wirkung der Staatsguthaben auf den Bankstatus wieder aufheben. Wie aber doch die Behandlung der staatlichen Kassenbestände für die Zinsfusspolitik der Bank von Wichtigkeit werden kann, sehen wir in Oesterreich-Ungarn. Dort hat die Bank sich wiederholt um Uebertragung der staatlichen Kassenbestände bemüht. Gelegentlich der Privilegserneuerung hat sie ihre Wünsche in einer Note an die Regierung wie folgt zum Ausdruck gebracht. Die geschäftlichen Beziehungen der Bank mit den beiden Finanzverwaltungen sollen neu geregelt werden. Insbesondere wären, nicht etwa im materiellen Interesse der Bank, sondern um eine richtige das allgemeine Interesse im Auge behaltende Zinsfusspolitik zu ermöglichen, die verfügbaren Kassenbestände unverzinslich auf dem Konto bei der Bank zu führen. Dadurch würde auch eine Besserung des Deckungsverhältnisses der Noten herbeigeführt. Für die dortige Nationalbank war es besonders zur Zeit der neuerlichen Durchführung der Währungsreform von grösster Wichtigkeit, stets die Uebersicht über den Geldmarkt zu haben. Denn der Staat mit seinen oft bedeutenden Geldmitteln ist ein gewichtiger Faktor am Geldmarkte. Eine von der Bank nicht zu übersehende Ausleihung grösserer Staatskassenbestände an Privatanken resp. am Geldmarkte könnte Bestrebungen der Bank im Interesse der Währungsreform vereiteln und ihr die Herrschaft über den Geldmarkt zeitweise entziehen. Es wurde von der österreichisch-ungarischen Bank, die doch unter grossen Opfern an Kosten und Arbeit und unter erheblicher Einschränkung ihrer übrigen Geschäfte Operationen von hunderten von Millionen für den Staat durchgeführt hat, misslich empfunden, dass ihr die Staatskassenbestände nicht übertragen waren. Die Verknüpfung der Bankpolitik mit der Währungsgeschichte des Landes war auf die Geschäfte und Erträge der österreichisch ungarischen Bank von einschneidender Bedeutung. Für die Valutaaktion z. B. wurden von den beiden Finanzverwaltungen zur Einziehung von Staatsnoten und Ausprägung von 5-Kr.-Stücken 542 Millionen Kr. in 20-Kr.-Stücken bei der Bank hinterlegt. Von der Bank wurden über 600 Millionen Kr. Staatspapiergeld aus dem Verkehr gezogen und durch Banknoten allmählich ersetzt. Diese Ziffern bedeuteten gewaltige Opfer für die Bank: Herstellungskosten der Banknoten, Aufbewahrung grosser Metallbestände, Kosten für Sicherheit, Gefahren, Vermehrung des Personals, Verantwortlichkeit und überaus langsame Ausdehnung der eigenen Geschäfte. Alles unentgeltlich für den Staat. Im Geschäfts-Bericht für 1901 hat dann die Bank dankbar anerkannt, dass die Kassen und Aemter der beiden Staaten sowie die staatlichen Betriebe mehr und mehr sich ihrer Einrichtungen bedienten und hierdurch an der weiteren Entwicklung derselben nachhaltig mitwirkten. Es ist aber heute noch der Anteil der Bank an den staatlichen Kassengeschäften ein recht unbedeutender.

Vorteile für den Staat.

Aus der Verschmelzung der Kassenbestände des Staates mit den Bankkapitalien ergeben sich auch für den Staat zahlreiche Vorteile. Die bankmässige Verwaltung der Gelder verhindert, dass grosse Geldvorräte in den verschiedensten Kassen auf die Staatszahlungen warten, während vielleicht in anderen Kassen Geldmangel besteht und dass auf diese Weise vielleicht notwendige Zahlungen zurückgestellt, andere weniger dringende Ausgaben dagegen bestritten werden; denn auch bei fiskalischer Kasseneinheit ist eine für alle Fälle zweckmässige und ökonomisch einwandfreie Alimentierung der vielen Kassen überaus schwierig und jedenfalls nicht durch allgemeine Normativbestimmungen über Verwendung der Mittel und Abgabe der Ueberschüsse zu erreichen. Die vielen auf Fondsübertragungen bezüglichen Anweisungen und Vorschriften, ferner umständliche zeit- und zinsraubende Manipulationen erschweren ungemein die Beweglichkeit der einzelnen Kassen sowohl gegenseitig als nach aussen hin und erschweren ferner die Uebersicht über die Staatsguthaben. Eine Bank mit engmaschigem Filialennetz dagegen kann die Zentralisation und Verteilung der Staatsgelder über das ganze Land hin viel wirksamer als der Staat besorgen. Und der Staat hat gleichzeitig durch die ihm von der Bank von Zeit zu Zeit (in Belgien täglich) einzureichenden Nachweisungen über Ein- und Ausgänge auf dem Staatskonto stets die genaue und vollständige Uebersicht über die jeweils verfügbaren Staatsmittel. Er spart ferner durch Benutzung der Giroeinrichtungen (Transport- und sonstige) Kosten und Arbeit für Barsendungen; er braucht für etwa eintretende Kollektivbedürfnisse, die zu befriedigen sind, nicht dauernd grosse Barbestände zu reservieren, sondern kann sich bei der Bank erholen. Wenn der Bank gar noch das gesamte

Kassenwesen wie in England übertragen ist, werden speziell vorgebildete Kassenbeamte, Kassenschränke und Tresoranlagen, Vorschriften über deren Bau, Lage und Beschaffenheit, Vorkehrungen und Bestimmungen zur Sicherung der Bestände (z. B. gegen Einbruchdiebstahl oder Brand), umständliche und kostspielige Kassenkontrollen und betriebstörende Revisionen, Kautionsstellungen, endlich Verfügungen und Anweisungen für alle diese Dinge überflüssig. Auch die Empfangnahme und Auszahlung der Summen, das Zählen, Prüfen der Münzen auf ihre Vollwichtigkeit und Echtheit, die Ausstellung der Quittungen usw. erfolgt geeigneter durch die hierfür speziell vorgebildeten Beamten der Bank und obendrein für das Publikum kulanter, bequemer und prompter. Bekanntermassen hat ja gerade das Publikum in weiten Kreisen vor dem schwerfälligen und umständlichen Verkehr mit Staatsbehörden eine gewisse Scheu und kennt sich vielfach in staatlichen Betrieben auch nicht genügend aus. Wie oft werden Postanweisungen mit Portoauslagen nur wegen der grösseren Bequemlichkeit einer direkten Zahlung vorgezogen. Eine Umwandlung der höheren und mittleren Kassen in blosse Rechnungsämter wäre also auch für den Staat mit grossen Vorteilen verknüpft. Bedenken wegen einer noch weitergehenden Zentralisation im Staatswesen sind hier am wenigsten am Platze. Eine solche Zentralisation sämtlicher Staatsbestände auf einem einzigen Konto bei der Bank, wie in England oder auch Belgien, ist vielmehr geradezu erwünscht. Das Ideal wäre, dass die Reichsbank, die jetzt den Staatskassendienst im grossen macht, einstmals im Detail in Einnahme und Ausgabe diese Dienste leisten würde. Denn erst dann wäre die Voraussetzung für die mannigfachen angedeuteten Vorteile gegeben.

B. Frage der Entschädigung der Banken.

Ist es billig, dass den Banken vom Staate Kassendienste in sehr verschiedenem Umfange zur unentgeltlichen Besorgung überwiesen werden, ähnlich wie z. B. Währungs- und Kuponseinlösungsdienste?

Falls man schon für eine Entschädigung plaidiert, so scheint mir doch eine geldliche Abfindung wie in England nicht der richtige Weg zu sein. Dort erhält die Bank jährlich:

Lstrl. 450	pro 1 Mill. Lstrl.	für die ersten	400 Mill. Lstrl.
„ 300	„	„ die weiteren	400—600 „
„ 150	„	„ bei mehr als	600 „

Ausserdem hat die Bank den Zinsgenuss aus den Staatsgeldern, die ihr durch Führung der staatlichen Finanzgeschäfte zufliessen. Besondere Entschädigung für einzelne Dienste, wie für Verwaltung der Zölle, für Einziehung der Navy Bills usw., sind 1892 aufgehoben worden. Die übrig gebliebene Staffelung scheint mir ein einwandfreies Aequivalent für Kosten und Arbeit der Bank

	Zahl der öffentl.[10] Konten	Zahl der privaten Konten	Durchschnittl. Guthaben in 1000 M. der Reichs-u. Staatskassen	Durchschnittl. Guthaben in 1000 M. der übrigen Konten	Ge- Reich in
1900	1700	14 100	178 533	333 676	10 898 957
1901	2100	15 000	236 138	359 605	12 219 418
1902	3300	15 700	203 384	372 498	13 036 620
1903	3500	16 500	211 827	341 261	14 449 800
1904	3900	17 300	174 863	359 319	15 672 875
1905	4300	18 200	181 508	402 886	16 678 323
1906	4500	18 900	180 244	398 756	18 402 908
1907	4700	19 200	176 765	401 184	21 886 284

[10]) Zusammengestellt nach dem von der Reichsbank heraus-

nicht zu enthalten. Vorzuziehen wäre meines Erachtens die Festsetzung eines Minimalguthabens nach der Höhe der Umsätze resp. der Inanspruchnahme der Bankeinrichtungen durch öffentliche Kassen, ähnlich wie ja auch die privaten Girokunden bei uns sämtlich einen eisernen Bestand halten müssen. Denn die Bank muss relativ mehr noch für die öffentlichen Konten als für die privaten einen entsprechenden Barbestand reservieren. Wenn neulich erst aus Gründen stärker gewordener Ausnutzung ihrer Girogutbaben der eiserne Bestand der privaten Konten vielfach erhöht worden ist zur Sicherung einer angemessenen Entschädigung der Bank, wie viel mehr wäre die Bank berechtigt, bei den öffentlichen Konten auf ein einigermassen hinreichendes Aequivalent für ihre Mühewaltung zu halten! Ueber den rasch erfolgten Anschluss fast aller öffentlichen Kassen (in Preussen so ziemlich aller Kassen; im übrigen Deutschland weitaus der meisten) und die rapid wachsende Ausnutzung der Bankeinrichtungen durch sie mögen nachfolgende recht instruktive Ziffernreihen Aufschluss geben:

samtumsätze von		Abweichung der Guthaben vom Durchschnittsbestand in pCt. dieses		Auf 1 M. Durchschnitts-Guthaben entfällt ein Gesamtumsatz von	
Bundesstaaten 1000 M.	Sonstigen Konten	Reichs- u. Staatskassen	übrige Konten	Reichs- u. Staatskassen M.	Sonstige Konten M.
17 580 237	135 159 940	102	31	159,50	404,40
19 228 995	136 288 750	105	39	133,—	378,10
20 722 169	135 468 606	98	35	165,90	363,—
23 138 349	141 543 786	123	41	177,40	413,10
25 056 472	153 833 862	82	34	232,80	427,40
26 899 805	178 572 654	113	52	240,—	442,30
32 802 015	194 432 633	68	41	284,—	491,70
31 602 880	207 179 650	120	49	302,50	514,70

gegebenen Verzeichnis der Girokonteninhaber.

Jede dieser Zahlenreihen bedeutet ein viel rascheres Anwachsen der staatlichen Ansprüche an die Bank als bei den übrigen Konten, während der durchschnittliche Bestand der Reichs- und Staatskassenguthaben stationär geblieben ist. Dies mag vielleicht damit zusammenhängen, dass früher Preussen und Bayern kolossale Guthaben bei der Bank unterhielten, die bei der schlechter gewordenen Finanzlage entsprechend reduziert wurden. In keinem Verhältnis zu der intensiven Ausnutzung der Bankeinrichtungen durch staatliche Kassen stehen die heute vereinbarten Minimalguthaben, die auf 30—40 Mill. M. sich belaufen dürften (davon Reich und Preussen je 10 Mill. M.). Diese Minimalguthaben sind nur für die an der Spitze des staatlichen Kassenwesens stehenden Zentralkassen vorgesehen. Die Kassen in der Provinz brauchen nicht nur keine Mindestguthaben zu unterhalten, sondern können sogar grossenteils ihre Bestände durch Ausstellen gelber Schecks (Postämter), blauer Schecks (Eisenbahnkassen) und grüner Schecks (für sämtliche Kassen, die im Verkehr mit der Reichshauptkasse stehen) auf die Zentralkassen in Berlin verstärken. Die Provinzkassen reichen die Schecks bei den Reichsbankanstalten am Platze ein und können sofort über den Gegenwert verfügen. So kommt es, dass, während für jeden privaten Girokontoinhaber ein eiserner Bestand von 1000 M. vorgeschrieben ist, nach meinen Beobachtungen über $^1/_4$ sämtlicher öffentlichen Girokonteninhaber Guthaben nur bis zu 500 M. unterhalten und zur Ausführung von Giroüberweisungen entweder die zur Deckung des Kontos erforderlichen Summen jeweils einzahlen oder Schecks ausschreiben. Für ihre viele Mühe und Verantwortung erhält also die Bank m. E. kein genügendes Aequivalent.

Es kommt ferner hinzu, dass, wie schon in der

Reichsbankdenkschrift von 1900 hervorgehoben wird, die aus dem Giroverkehr der Reichs- und Staatskassen erwachsenden Vorteile nicht unerheblich dadurch abgeschwächt werden, dass diese Kassen erfahrungsgemäss die erheblichsten Anforderungen an den Metallvorrat der Bank gerade zu den Zeitpunkten stellen (Monats- und Quartalschlüsse), zu welchen auch von anderer Seite die grössten Ansprüche erhoben werden. Das Quartal über sammeln sich dagegen gewöhnlich grössere Mittel auf den öffentlichen Konten aus Steuer- und Zolleingängen an, so dass sich also als Charakteristikum eine gewisse Konstanz in der Bewegung der öffentlichen Guthaben bei plötzlich recht bedeutenden Schwankungen ergibt. Diese waren z. B. 1900—07 in 5 Jahren grösser als der durchschnittliche Bestand an Guthaben überhaupt, oder 1907 z. B. fast dreifach so gross wie die Schwankungen in den privaten Guthaben. Die Bank muss also gerade für öffentliche Guthaben eine besonders hohe Metallreserve halten, was sie in der intensiven Ausnutzung ihrer eigenen Mittel behindert. Dieser Giroanschluss der öffentlichen Kassen setzt sich mit unverminderter Schnelligkeit auch heute noch fort. Z. B. vom 20. Mai bis Ende November 1908 waren unter etwas über 900 neu eröffneten Konten ungefähr 250 öffentliche. Es werden sich bei dieser Entwicklung wohl heute nicht mehr die Worte der Reichsbankdenkschrift von 1900 wiederholen lassen, wo es heisst: Jede an der Spitze stehende Kasse hat ein solches Guthaben zu halten, dass dadurch der Reichsbank ein ausreichendes Entgelt für ihre Mühewaltung geboten wird. Heute scheint mir viel mehr die Frage berechtigt, ob es angebracht ist, dass die Reichsbank öffentliche Kassendienste in immer wachsendem Umfange machen muss und für ihre Mühewaltung nur durch höhere Mindestguthaben der Privaten entschädigt wird, so dass für Industrie und Handel die geforderten höheren Barbestände ähnlich wie eine Verkehrssteuer wirken und die Grossbanken, um Reichsbanküberweisungen zu umgehen, nach Ersatzmitteln für ihren ausgedehnten Zahlungsverkehr suchen. Damit aber würde die Gefahr entstehen, dass der Reichsbank die Uebersicht über den Zahlungsverkehr im Lande zum mindesten erschwert wird. Wenn die Bank also schon glaubt, einen Ersatz für ihre vermehrte Mühewaltung fordern zu sollen, so müssten m. E. die Lasten auf beide Schultern genommen und also auch die öffentlichen Zentralkassen zu einer anteilmässigen Entschädigung herangezogen werden. Eine solche Forderung läuft aber auf das Vorhandensein grösserer Bestände in den öffentlichen Kassen hinaus und diese wären eben nur nach einer gründlichen Finanzreform vorhanden.

Nach genügender Zentralisation der Staatsgelder bei der Bank könnte ja, da der Staat seine Gelder nicht wie ein Geschäftsmann umtreiben kann, ein geeigneter Modus für die produktive Anlage von staatlichen Ueberschüssen über das verabredete Minimum hinaus ausfindig gemacht werden, wodurch der Staat in entsprechenden Zinsengenuss käme. Eine glückliche Lösung dieser Frage haben wir in Belgien, wo die Bank für den Staat überschüssige Gelder in Devisen anlegt. Nur ist die Bank insofern schlecht weggekommen, als dort nur solche Ueberschüsse in ausländischen Wechseln angelegt werden, die der Staat für seine Umsätze nicht für nötig hält, nicht aber überschüssige Giroguthaben, soweit sie einen etwa mit der Bank zu vereinbarenden eisernen Bestand überschreiten. Wenn nämlich in Belgien das Staatsguthaben über 5 Mill. Fr. beträgt werden von der Bank für Rechnung des Staates Devisen aufgekauft. Und wenn der freie Saldo länger als 6 Tage unter die Normalziffer von 5 Mill. Fr. fällt, werden entsprechend Devisen verkauft. Der Staat hat 1904 1148 000 Fr. und 1907 790 000 Fr. Nutzen aus dieser Anlage gezogen. Die Bank muss für Bareingang der Devisen haften (meines Erachtens ist diese Garantieübernahme unbillig, da die Bank an den Erträgen aus den Devisenanlagen nicht gewinnbeteiligt ist). Der Staat trägt dagegen Kursverluste, Versicherungs- und Portospes n, Delkredere, Provisionen und Courtage. Nach einem früheren Schreiben des Finanzministers an die Bank will die Regierung jeweils Instruktionen wegen der Anlagearten ge en, da sie politische Verwicklungen besser voraussehen könne. Der Staat sei in den meisten Fällen in der Lage, offiziell oder offiziös anzugeben, wie die Intentionen der Regierung sich am besten verwirklichen lassen. Die Bank selbst solle aber durch die Wahl der Wechsel den vorteilhaftesten Nettoertrag zu erreichen suchen. Wenn die Bank geeignete Wechselanlagen nicht findet, mu s sie dies dem Finanzminister zur Vermeidung von Zinsverlusten unverzüglich mitteilen. Die Bank hat aber nicht einmal den Zins enuss aus den 5 Mill. Fr. Minimalbestand, da sie seit 1901 dem Staate noch jährlich 230 000 Fr. zu den Kosten seines Kassenwesens zuschiessen muss. Sie hat sich zwar seit 1901 auch dieser geldlichen Leistung unterworfen, da sie glaubte, das gute Einvernehmen mit der Regierung aufrecht erhalten zu sollen, betont aber in jedem Geschäftsbericht, dass ein grosser Teil der Verwaltungskosten durch die unentgeltlichen Staatskassendienste absorbiert wird. Früher, als eine Privatbank noch die Kassendienste für den Staat ausführte, musste dieser die Bank recht hoch entschädigen. Der Zentralnotenbank wurde dagegen die Remuneration recht unzureichend bemessen und der Umfang ihrer Dienste erweitert. Im letzten Jahre wurden in Einnahme und Ausgabe für den Staat 5,812 Millarden Fr. umgesetzt, d. h. etwa $^1/_6$ der Gesamtumsätze der Bank von 36 Milliarden Fr. Dabei war der durchschnittliche Saldo der Staatskasse rund $13^1/_2$ Mill. Fr. (mit der oben besprochenen Kombination der Devisenanlage).

Noch weiter in der Fiskalität ist der rumänische Staat gegangen. Dafür, dass er die Bank von Staatskassendiensten befreit hat, muss sie ihm jährlich Lei 140 000 zahlen[11]). In der Schweiz wird der Staat als Ausnahmekunde vorzugsweise behandelt, indem die Nationalbank entgegen ihren sonstigen Geschäftsprinzipien die Guthaben öffentlicher Verwaltungen und des Bundes auch in verzinslicher Rechnung anzunehmen gehalten ist. In eigentümlicher Weise hat die französische Regierung ihre Guthaben bei den Banken indirekt für sich produktiv zu gestalten verstanden. Um nämlich die Bank nicht in grösseren Zinsengewinn kommen zu lassen, hat die Regierung bestimmt, dass der bereits erwähnte Vorschuss von 180 Millionen Fr. unverzinslich zu gewähren und mit dem unverzinsten Staatsguthaben zu kompensieren ist. Durch diese Kombination entgehen der Bank bei einem angenommenen Zinssatze von $2^1/_2$ pCt. jährlich 4,5 Millionen Fr. Zinsen. Praktisch aber noch mehr, denn das Guthaben des Staates war z. B. bis Mitte Oktober dieses Jahres — bis dahin waren 42 Bankausweise erschienen — 30 mal unter 180 Millionen Fr., so dass ein tatsächlicher Bankvorschuss bis zu 60 Millionen Fr. (1907 sogar bis 74 Millionen Fr.) vorhanden war. Der Zinsverlust, den die Bank auf diese

---

[11]) Aehnlich früher in Holland, wo die Bank, um Arbeit und Kosten für die ihr gesetzlich auferlegten Kassendienste zu sparen, dem Staate eine jährliche Summe von 100 000 Fl. gezahlt hat.

Weise erleidet, wurde während der Privilegsdauer auf durchschnittlich 40 000 Fr. jährlich berechnet. Bis 1897 hat der Staat auf seinen jeweiligen Debetsaldo 1 pCt. Zinsen gezahlt; seitdem ist aber der Staatsvorschuss zinslos zu gewähren. Und dabei wachsen die Umsätze auf dem Staatskonto von Jahr zu Jahr und betragen heute über 9 Milliarden Fr. Ferner hat 1897 die Regierung gelegentlich der Privilegserneuerung im Interesse ihres Kassenwesens auf eine raschere Ausgestaltung des Filialennetzes der Bank hingewirkt. Diese hatte 2 Jahre nach der Privilegserneuerung 18 Hilfsbureaus in Filialen umzuwandeln; in Departementshauptorten, an denen noch keine Filialen bestanden, waren solche zu errichten. Ferner musste die Bank 30 neue Hilfsbureaus einrichten, in denen der Dienst spätestens 2 Jahre nach Gesetzespromulgation funktionieren sollte. Endlich hat die Bank von 1900 ab mindestens 1 neues Hilfsbureau jährlich bis zu insgesamt 15 zu eröffnen. Die Plätze werden gemeinsam mit dem Minister bestimmt. Schon vor Inkrafttreten dieser gesetzlichen Bestimmung war man allgemein der Ueberzeugung, dass die Erträge die Kosten der neuen Anstalten nicht decken und diese Jahre hindurch den Charakter staatlicher Zahlstellen tragen würden, und der Kommissionsberichterstatter Le Bon hat deren Kosten insgesamt während der Privilegsdauer (also bis 1920) auf 15,66 Millionen Fr. berechnet. Aehnlich ist in Belgien der Bank zur Pflicht gemacht, in jedem Hauptorte eines Gerichtsbezirks und an Plätzen, wo die Regierung es im Interesse der Staatskasse oder der Oeffentlichkeit für nötig erachtet, Agenturen zu errichten.

Wenn die Banken nicht aus bankpolitischen Gründen heraus, sondern auf Veranlassung des Staates im Interesse irgendwelcher Staatszwecke grosse besondere Aufwendungen zu machen haben und ihr Wirkungskreis erheblich erweitert oder verschoben wird, so müssen sie vom Staate auch dafür in irgendwelcher Form schadlos gehalten werden. Ich kann schlechterdings nicht einsehen, weshalb der Staat nachgerade in jeder Beziehung, die er mit der Zentralnotenbank anknüpft, als Ausnahmekunde vor anderen wirtschaftenden Subjekten bevorzugt werden soll, nachdem er sich doch häufig eine recht reichliche Gewinnbeteiligung ausbedungen hat.

C. Die konkreten Verhältnisse in England, Frankreich und Deutschland.

England. England[12]). Hier besteht die engste Verbindung des gesamten Staatszahlungs- und Rechnungswesens mit der Bank, die sich allmählich trotz ihrer nur wenigen Filialen zur allgemeinen und ausschliesslichen Zentralstaatskasse entwickelt hat. Bei ihr haben die Zentralämter für die einzelnen Verwaltungszweige ihre Konten, die wie jede anderen Konten auch geführt werden. Ueber diesen Konten steht ein grosses Sammelkonto, auf dem sämtliche Einnahmen und Ausgaben in grossen Summen erscheinen: das Exchequerkonto, das eigentliche Staatszentralkonto bei der Bank. Ueberziehung ihrer Spezialkonten durch einzelne Zentralverwaltungsämter werden durch Buchüberträge erledigt und sind so lange ohne erhebliche Bedeutung, als andere Verwaltungsämter noch nicht über die volle Höhe ihres Kredites bei der Bank verfügt haben; erst wenn das Exchequerkonto überzogen ist, wird die Bank auf Grund des Vorschussrechtes des Staats in Anspruch genommen. Es werden aber nur

---

[12]) Siehe auch Philippovich: „Die Bank von England". Wien 1885.

solche Ueberziehungen als Kassendefizits betrachtet, die der Bank im gleichen oder folgenden Quartal wieder zurückgezahlt werden können; längere Vorschüsse sind erst vom Parlament zu genehmigen. Die Bank deckt sonst nur die jeweiligen vom Staate verzinsten Quartalsvorschüsse genau in Höhe der Kassendefizits.

Der Einnahme- und Ausgabedienst ist im einzelnen bei der Bank folgendermassen geordnet. Private können direkt bei ihr auf das Staatskonto einzahlen. Die Bank zieht aber nicht Steuern von dem Steuerpflichtigen direkt ein, sondern vereinnahmt die ihr von den Steuereinziehern eingezahlten Gelder auf den Staatskonten. Die Steuererheber auf dem Lande und die Rechnungsbehörden in der Provinz nehmen, da die Bank im ganzen nur 9 Filialen hat, wenn keine Bankfiliale am Platze ist, andere (Privat-)Banken für Staatskassendienste in Anspruch. Diesen Banken übergeben sie die meist in Form von Schecks vereinnahmten Summen, nachdem sie lokale Ausgaben für die verschiedenen staatlichen Verwaltungen bestritten haben, und erhalten dagegen in 2—3 Tagen fällige Wechsel auf London. Diese Wechsel werden nach London gesandt und von der Bank von England alltäglich in grosser Anzahl — nicht in bar, sondern durch Verrechnung — einkassiert. Die Inkassobeträge werden den einzelnen Zentralämtern gutgebracht und die Ueberschüsse nach Abzug des täglichen Bedarfs an das Zentralstaatskonto abgegeben. So werden also auf schnellstem und einfachstem Wege die Staatseinnahmen, die mithin nicht erst Provinzialkassen durchlaufen, auf den Konten der verschiedenen staatlichen Zentralverwaltungs - Aemter zentralisiert. Wenn nun umgekehrt die provinzialen Rechnungsämter, die ja keine dauernden grösseren Barbestände unterhalten, grössere Zahlungen zu leisten haben, als die momentanen Eingänge betragen, werden ihnen auf Anordnung des Paymaster-General Kredite eröffnet und daraufhin bis zu einer vereinbarten Höhe von der am Platze befindlichen Bank — aber nur auf Anweisung des Schatzamtes — Zahlungen geleistet. Also genau wie in Belgien, wo die Staatsagenten in der Provinz sich im Geldbedarfsfalle an den Finanzminister wenden. Beim Paymaster-General in London konzentrieren sich alle Geldforderungen sämtlicher Ausgabeämter des Landes; er hat den ganzen Ausgabedienst unter sich; von ihm geht auch der ganze Anweisungsdienst für Zahlungen über das ganze Land hin aus. Ihm selbst werden die für die einzelnen Verwaltungszweige ausgeworfenen Ausgabesummen bei der Bank durch Vermittlung der Treasury, die an der Spitze der gesamten Kassenverwaltung steht und die nötigen Summen bei der Bank bereit zu halten hat, zur Verfügung gestellt. Die Zahlungsformen und Zahlungsmittel sind ebenfalls wie bei den Staatseinnahmen rein bankmässig. Ein Teil der Zahlungen erledigt sich durch auf die Bank von England gezogene Wechsel. Die Bank löst die Wechsel nach Avis des Paymaster-General ein. Ein weiterer sehr grosser Teil der Zahlungen, so namentlich die grosse Menge der in London selbst zu leistenden Zahlungen, erledigt sich durch Umbuchungen vom Staatskonto auf das des Gläubigers bei der Bank und zwar ebenfalls ohne Bereitstellung von Barmitteln. Wer kein Konto bei der Bank hat wird mit Schecks bezahlt. Diese gelangen wiederum durch Verrechnung zur Erledigung. Beträge über 1000 M. werden nur durch Schecks beglichen, von 100—1000 M. in bar oder Schecks nach Wahl des Empfängers und nur kleine Beträge unter 100 M. werden ausschliesslich in bar ausgezahlt.

Fast sämtliche Zahlungen im Verkehr mit dem Staat

finden also rein bankmässige Abwicklung durch Schecks, Wechsel und Buchüberträge. Bargelder werden kaum in Bewegung gesetzt. Eine so moderne kaufmännische Organisation des Zahlungswesens mit so grossartiger Zentralisation und klarer Uebersicht existiert sonst nirgends; am nächsten kommt Belgien. Die Bankbuchhaltung liefert gleichzeitig dem Staate die Kontrolle für das gesamte Rechnungswesen in Einnahme und Ausgabe. Die Bank übermittelt der Treasury tägliche Uebersichten und teilt ihr wöchentlich die einzelnen Posten der Veränderungen auf dem Staatskonto mit. Sie ist dem Staate zur Rechnungslegung verpflichtet.

Frankreich. Erheblich geringer ist die Anteilnahme der Bank von Frankreich am staatlichen Zahlungswesen. Zwar sind die ihr bereits 1806 übertragenen Funktionen im Laufe des 19. Jahrhunderts, zuletzt 1897, mehr und mehr ausgedehnt worden. Die heutige Mitwirkung der Bank beschränkt sich aber auf die örtliche Verteilung der Kassenbestände, nicht jedoch auf den eigentlichen Staatskassiererdienst. Die Bank dirigiert die Gelder durch ihre Filialen nach den verschiedenen staatlichen Kassenstellen, leistet aber nicht die Endzahlungen, durch die der Staat aus einer rechtlichen Verpflichtung befreit wird. Die der Bank übertragenen Funktionen sind im einzelnen folgende: Staatliche Kassenstellen können täglich bei den Bankfilialen (succursales) und seit 1897 auch bei deren Hilfsbureaus überschüssige Gelder einzahlen. So wird ein Teil der Staatsgelder auf dem Konto des Staates bei der Bank zentralisiert. Ferner hat die Bank bei ihren Filialen und Hilfsbureaus (bureaux auxiliaires) den Staatskassenbeamten ihre unentgeltliche Mitwirkung für Wechselinkasso, Giroüberweisungen und Barzahlungen zur Verfügung zu stellen. Seit 1897 muss sie auch an ihren Inkassoplätzen (villes

Frankreich.

rattachées) Tratten, die von Staatsrechnungsämtern gegenseitig aufeinander gezogen sind, jederzeit (bis 1897 nur an 6 Stichtagen des Monats; und nur an diesen Tagen wurden von der Bank Beamte zum Einzug von Wechseln in diese Inkassoplätze entsandt) unentgeltlich einkassieren; ebenso zieht sie staatliche Konsular-Salz- und -Zolltratten ein, wodurch dem Staate viel unnützes Hin- und Hersenden von Bargeld erspart wird. Auch ein Teil der Steuern soll durch Vermittlung der Generaleinnehmer in Form von Wechseln eingehen. So hatte der Staat zeitweise schon ein recht beträchtliches Portefeuille, das er bei Geldbedarf bei der Bank mitunter diskontiert hat.

Staatlicherseits gehen die Anweisungen für Verteilung der gesamten Staatsgelder über das Land hin von der direction du mouvement général des fonds, der Zentralinstanz für das gesamte Kassenwesen in Paris, aus. Diese erhält täglich Kenntnis von den staatlichen Beständen und hat somit den Ueberblick über sämtliche Staatsmittel. Andererseits hat sie die Verfügung über sämtliche Fonds der Einnahmekassen (die alle dem Finanzminister unterstellt sind) und der Ausgabekassen auch der übrigen Ministerien. Alle wichtigeren Ausgaben versieht sie mit ihrem Visum. Zu ihrer Orientierung haben ihr die Generaleinnehmer (oberste Steuerbeamte in jedem Departement) monatlich in einer Nachweisung anzugeben, welche Gelder für den kommenden Monat sie benötigen resp. abgeben können. Ueberschüsse werden bei der Bank eingezahlt; im Geldbedarfsfalle werden ihnen Kredite bei der Bankfiliale am Platze durch das Pariser Zentralamt eröffnet. Auf Grund welcher Kenntnis sind nun die Generaleinnehmer ihrerseits in der Lage, die überschüssigen Summen der Pariser Zentralstelle namhaft machen zu können? Zum Verständnis muss ich einige Bemerkungen über die unteren und mittleren Finanzämter einschieben. In Frankreich sind in allen Instanzen die anweisenden Beamten (ordonnateurs) von den zahlenden Beamten (payeurs) streng geschieden. Dementsprechend darf ein Zahlungsbeamter ohne Zahlungsanweisung, die er auf ihre Ordnungsmässigkeit prüfen muss, keine Zahlungen leisten. Die dem Generaleinnehmer (trésorier payeur général) unterstellten Steuerbeamten sind die receveurs particuliers des finances in den Arrondissements und unter diesen stehen die percepteurs (Steuererheber). Diese Steuerbeamten nennen nun ihren vorgesetzten Stellen in den Arrondissements bzw. Departements die Summen, die letztere auf einen bestimmten Termin auf sie ziehen sollen. Die Bank zieht diese Zahlungsanweisungen ein. So konzentrieren sich beim Generaleinnehmer als dem eigentlichen Staatskassierer die Einnahmen des Bezirks ohne Unterschied, wogegen er die Auszahlungen für öffentliche Verwaltungen leistet. Bis 1897 mussten die Steuererheber ihre Einnahmen den vorgesetzten Stellen in bar zuführen, was mit viel Arbeit, Transportkosten und Gefahr verknüpft war, jetzt aber durch die Inkassodienste der Bank in Wegfall gekommen ist. Für den Staat bedeutet die Mitwirkung der Bank bei Abwicklung des staatlichen Zahlungsdienstes Geld-, Zeit- und Arbeitsersparnis, grössere Bequemlichkeit, Vereinfachung und absolute Sicherheit.

Nun wiederholen sich seit Anfang der 70er Jahre fast regelmässig von verschiedensten Seiten und bei verschiedensten Gelegenheiten[13]) Vorschläge zur Beseitigung der Generaleinnehmer. Und zwar werden recht beachtens-

---

[13]) Anträge von Deputierten gelegentlich der Finanzgesetze, Anregungen von Ministern, Polemiken in Presse und Finanzliteratur usw.

werte Gründe für und wider vorgebracht. Die einen sagen, die Generaleinnehmer hätten keine Existenzberechtigung mehr. Sie erhalten lediglich die Gelder, um sie gleich wieder der Bank zuzuführen. Man könnte doch ebensogut der Bank, nachdem diese jetzt überall Filialen eingerichtet habe, direkt die Gelder zahlen, statt noch eine Parallelagentur zu unterhalten. Besonders bei dem ausgedehnten Verkehr des Staates mit den meisten Bankstellen seien derartige Mittelpersonen überflüssig. Ferner beziehen die Generaleinnehmer erhebliche Summen an Provisionen, Gehältern und Nebeneinkünften (1889 durchschnittlich zusammen 67 000 Frcs.), die für den Staat gespart würden.

Im Gegensatz hierzu wird argumentiert, dass die Generaleinnehmer sowohl für die eigene als für die ordnungsmässige Geschäftsführung der Unterbeamten haften. Sie seien nicht nur als Kassierer verantwortlich, sondern auch dafür, dass der Staat alle Gelder erhalte, die ihm zukommen, dass Ausgaben nicht doppelt gezahlt werden usw. Sie hätten dafür zu sorgen, dass die Steuererheber keine ungerechten Prozesse anstrengen oder die Steuerzahler schikanieren. Weiter hätten sie sich zu vergewissern, dass die Steuerbeamten in den Arrondissements über die Steuererheber Aufsicht führen. Der Kassierer des Generaleinnehmers habe die unterstellten Kassenbeamten zu kontrollieren. Das seien alles Funktionen, die sich nicht für die Bank eignen. Das Publikum müsse sich beim Aufgeben staatlicher Kassenstellen bei Anständen, Moniten, Prüfung der Ordnungsmässigkeit der Ansprüche und ähnlichem mehr zuerst an die staatliche Rechnungsinstanz wenden und sich sodann in den rein formellen auf die Zahlung bezügl. Fragen zur Bank begeben. Auch für den öffentlichen Kredit sei die Uebertragung so weitgehender Kassendienste auf die

Bank und die Verschmelzung der Bestände gefährlich. Die Generaleinnehmer seien oft bis zum Eingang der Steuern zu Vorschüssen vom Staate in Anspruch genommen worden. Letztere Gründe haben wir früher bereits als nicht stichhaltig zurückgewiesen, andere werden noch an anderer Stelle als wenig haltbar zur Sprache kommen. Im übrigen scheint mir bei der dort streng in allen Instanzen durchgeführten Teilung des Finanzdienstes in Anweisungs- und Zahlungsdienst, die natürliche Grundlage und eine wichtige Voraussetzung für Uebertragung des gesamten Kassenwesens auf die Bank gegeben zu sein, selbstverständlich unter entsprechender Ausgestaltung des Anweisungsdienstes.

Dass der Staat trotz aller Vorschläge bis heute beim alten System verblieben ist, hat nach Ansicht sachkundiger Kritiker seinen eigentlichen Grund nicht in der Frage der Möglichkeit oder Zweckmässigkeit einer praktischen Durchführung dieser Vorschläge.

Die Girodienste der Reichsbank für staatliche und sonstige öffentliche Kassen sind bereits (insbes. auf Seite 48 u. ff.) zur Sprache gekommen. Wir haben uns daher jetzt noch hauptsächlich mit den Einrichtungen und der Bedeutung der Reichshauptkasse zu befassen. Da diese bis jetzt noch recht unbekannt sind, dürfte eine eingehendere Darstellung am Platze sein. Deutschland.

Die Organisation der Reichshauptkasse.

a) Aufgaben und Bedeutung.

Die Grundlagen für die Kassendienste, zu denen die Reichsbank für das Reich verpflichtet ist, sind gegeben im Bankgesetz und Reichsbankstatut. Nach ersterem ist die Reichsbank verpflichtet, ohne Entgeld für Rechnung des Reiches Zahlungen anzunehmen und bis zur Höhe des Reichsguthabens zu leisten. Erheblich erweitert ist diese Verpflichtung durch § 11 des Reichsbankstatuts, der lautet: „Der Reichsbank liegt ob, das Reichsbankguthaben unentgeltlich zu verwalten und über die für Rechnung des Reichs angenommenen und geleisteten Zahlungen Buch zu führen und Rechnung zu legen." Aus diesen beiden knapp gehaltenen Bestimmungen vermutet man kaum, dass sie eine besondere Organisation erfordern. Dem § 11 des Reichsbankstatuts verdankt die Reichshauptkasse ihre Existenz. Diese ist von der Reichsbank nur zu dem Zweck eingerichtet worden, um die in diesem Paragraphen vorgesehenen Funktionen zu erfüllen. Die Bundesstaaten dagegen bleiben auf die Beziehungen eines gewöhnlichen Girokunden beschränkt. Die Reichshauptkasse, die Zentralkassenstelle des Reichs, beschäftigt gegenwärtig 19 von der Reichsbank angestellte und bezahlte Beamte und 1 Vorsteher und ist in den Räumen der Reichsbank untergebracht, aber wohl von der Reichsbankhauptkasse zu unterscheiden. Der Reichshauptbank steht sie gegenüber wie ein Girokunde, der ganz selbständig mit der Bank sein Konto abrechnet und Umsätze darauf vornimmt. Für das der Reichshauptkasse eingerichtete Girokonto gelten die allgemeinen Bestimmungen für den Reichsbankgiroverkehr mit zwei Abweichungen: Einzahlungen müssen von jedermann bei sämtlichen Reichsbankhauptstellen und -stellen gebührenfrei für die Reichshauptkasse entgegengenommen werden. Derartige Einzahlungen kommen aber in der Praxis selten vor. Ferner muss das Minimalguthaben des Reiches mindestens 10 Mill. M. betragen. In dieser Summe sind alle übrigen Reichskassen mitenthalten, so dass keine andere sonst ein Minimalguthaben zu halten hat.

Mit der Hauptbuchhalterei der Reichsbank hat die Reichshauptkasse nur ganz selten einige unwichtige Verrechnungen vorzunehmen; mit dem Girokontor der Reichshauptbank, ein- und ausgehende Ueberweisungen, Zahlungen, grüne Schecks und a. m. Die hierauf bezüglichen Posten werden sämtlich in das Kontogegenbuch der Reichshauptkasse wie in das jedes Privatkunden auch eingetragen.

Es ist für das Verständnis des Folgenden sehr wesentlich, daran festzuhalten, dass die Reichshauptkasse eine rechnunglegende Kasse ist, welche die Geschäfte besorgt, die sich aus Ein- und Auszahlungen für das Reich bei anderen Kassen bezüglich Buchführung und Rechnungslegung ergeben. Es wird in der Reichshauptkasse also fast nur gebucht. Sie ist mithin keine Kasse im eigentlichen Sinne des Worts, da sie nicht die baren Ein- und Auszahlungen selbst vornimmt und auch die Reichsgelder nicht in gesondertem Verwahr hat. Diese sind vielmehr als Reichsguthaben in den Kassenbeständen der Reichsbankhauptkasse mitenthalten. Nur zur grösseren Bequemlichkeit der Zahlungsempfänger, die sonst mit einer Anweisung der Reichshauptkasse erst zur Reichsbankhauptkasse gehen müssten, um dort ihre Gelder in Empfang zu nehmen, ist eine kleine Hilfskasse für Zahlungen unter 100 000 M. eingerichtet. Diese Kasse wird von der Reichsbankhauptkasse dotiert und die Reichshauptkasse je nachdem täglich auf Girokonto für den Saldo belastet oder erkannt. Der Verkehr bei dieser Hilfskasse ist aber ein ziemlich beschränkter; an gewöhnlichen Tagen kommen 12—15 Zahlungen vor. Diese werden meist an die verschiedenen Reichsämter geleistet. Am Monats- und Quartalsschlusse steigert sich der Verkehr bei der Hilfskasse durch Pensionszahlungen aus dem Allerhöchsten Dispositionsfonds, durch eingehende Zahlungen für den Reichsinvalidenfonds in Form von Postanweisungen und a. m. bis auf 700 und mehr Posten. Aber es kann wie gesagt von einem eigentlichen Kassenverkehr bei der Reichshauptkasse nicht gesprochen werden. Sowohl in Einnahme wie in Ausgabe figurieren in den Büchern der Bank zum grössten Teil staatliche Kassen, so dass Endzahlungen für das Reich nur ganz selten von der Reichshauptkasse, vielmehr fast durchweg von besonderen staatlichen Kassen ausgeführt werden. Die Reichsbank leistet auch nur diejenigen Zahlungen für das Reich, die von der Reichshauptkasse ausgehen. Wie beschränkt deren Zahlungsdienst für das Reich ist, ergibt sich leicht daraus, dass sie nur mit 58 Regierungshauptkassen und Landeshauptkassen insgesamt im Abrechnungsverkehr steht. Dazu kommt noch der Verkehr mit den Ministerialbureaukassen in Berlin und einigen anderen Kassen. Insgesamt sind es nur etwa 80 Kassen. Sie ist also nicht wie in England und Belgien die Staatskassiererin, sondern nur eine Abrechnungs- und Zahlungsvermittlungsstelle zwischen den einzelnen fortbestehenden Kassen, sozusagen ein Verbindungskanal zwischen diesen.

b) Beiderseitige Vorkehrungen als Grundlage für die Tätigkeit der Reichshauptkasse.

Zur Erfüllung der ihr übertragenen Funktionen sind der Reichshauptkasse Geschäftsanweisungen vom Reichskanzler erteilt und sonstige Vereinbarungen zwischen Reichsämtern und Reichshauptkasse getroffen worden. Andererseits hat die Reichsbank zur praktischen Durchführung der staatlichen Anweisungen und Vereinbarungen die buchhalterischen Einrichtungen der Reichshauptkasse entsprechend ausgestalten müssen. Zunächst einige Worte über diese beiderseitigen Vorkehrungen, soweit sie hier interessieren; sodann wird ein Bild von dem Geschäftsgang zu entwerfen sein.

Der Etat der Reichshauptkasse wird alljährlich auf Grund des Reichsetats vom Reichsschatzamt zusammengestellt und ist in Einnahme und Ausgabe genau so geordnet wie dieser. Er ist eingeteilt in Abteilungen, Kapitel und Titel. In Anpassung an diese Einteilung werden in der Reichshauptkasse von den 12 dort eingerichteten Buchhaltereien Manuale in Einnahme und Ausgabe zum Zwecke der Rechnungslegung geführt. In diesen Manualen sind Soll- und Ist-Kolonnen eingerichtet, so dass die Buchhalter übersehen können, wie die einzelnen etatmässig vorgesehenen Fonds jeweils in Anspruch genommen sind. Die Sollziffern gehen aus der vom Reichsschatzamt gelieferten Etatsaufstellung hervor. In den weiteren Istrubriken der Manuale werden in Einnahme sowohl wie in Ausgabe die einzelnen Beträge aus den von den einzelnen Kassen, mit denen die Reichshauptkasse in Abrechnungsverkehr steht, einlaufenden Belegen nach Kalendermonaten geordnet eingetragen. Am Ende ergibt sich als weitere Kolonne der Rest gegen das rechnungsmässige Soll. Die Buchhaltung wird aber nach zweifacher Richtung geführt. Die Manuale, von denen bisher die Rede war, nach sachlichen Gesichtspunkten, die Journale chronologisch. Letztere haben den Zweck einer ununterbrochenen Uebersicht des gesamten Verkehrs der Reichshauptkasse. Sämtliche ein- und ausgehenden Posten werden einzeln (nur in wenigen Fällen summarisch) der Reihe nach nummeriert eingetragen und nur kurz jeweils vermerkt, wo der betreffende Posten im Manual zu finden ist. Journale und Manuale müssen in ihren Endsummen genau übereinstimmen. Der Vorsteher führt das Hauptjournal. Dieses wird nur summarisch nach Barzahlungen, Giroüberweisungen, Belegen (Verrechnungen) und Gesamtsumme geführt, fasst sämtliche Buchhaltereien zusammen und ergibt in den Endsummen die Summen der einzelnen Journale. Ein Hilfsbuch, das sogenannte Kontrollbuch, hat den Zweck der Kontrolle sowohl für die einzelnen Buchhaltereien wie für das Hauptjournal. Man ersieht aus ihm die Detailzahlungen und ferner, wie sich die Summen des Hauptjournals auf die Buchhaltereien verteilen. Journale und Manuale werden an jedem Ultimo abgeschlossen. Die Reichshauptkasse darf nur Einnahmen und Ausgaben innerhalb der etatmässig angewiesenen Beträge verrechnen. Bei Ueberschreitung der für die einzelnen Kapitel und Titel vorgesehenen Fonds soll sie erst die Genehmigung des Reichsschatzamtes einholen. Weiter haben die Buchhalter darauf zu achten, dass die Einnahmen für das Reich rechtzeitig eingehen und die Ausgaben pünktlich abgehoben und Quittungen eingereicht werden. Andererseits darf keine Ausgabe vor ihrer Fälligkeit geleistet werden. Nicht etatmässig ausgewiesene Einnahmen werden einstweilen auf Verwahrungskonto vereinnahmt.

Die Vertreter des Reichsschatzamtes haben das Recht der Kontrolle der Buch- und Rechnungsführung der Reichshauptkasse. Vorsteher und Buchhalter haben diesen Vertretern die Bücher und Belege zur Einsichtnahme vorzulegen. Allmonatlich am 8. werden die Bücher von je einem Vertreter des Reichsschatzamts und Marineamts geprüft.

c) Umfang der Dienstleistungen der Reichshauptkasse für die einzelnen Reichskassen.

Die Reichshauptkasse hat nicht etwa für sämtliche Reichsämter die Kassenführung und Rechnungslegung in gleichem Umfange zu besorgen. Die Kassen, die selbst Rechnung legen und ihren eigenen Etat haben, geben vielmehr nur am Jahresschluss ihr Soll und Ist der Reichshauptkasse auf, welche diese Ziffern dann in ihre Bücher übernimmt. Wenn jedoch die Etats dieser selbst rechnunglegenden Kassen überschritten sind, muss das Reichsschatzamt erst genehmigen, dass ihre Istziffern durch die Reichshauptkasse verbucht werden. Solche Kassen sind:

1. Die Kasse des Reichskolonialamts. Diese holt jeweils ihren Geldbedarf bei der Reichshauptkasse ab.

2. Die Generalpostkasse des Reichs. Deren Debet- oder Kreditsaldo wird täglich vom Girokontor der Reichshauptbank ermittelt und von der Reichshauptkasse in ihre Bücher übernommen. Von dem Stande dieses Kontos hängt das der Reichshauptkasse sehr ab, so dass seinetwegen zeitweise erheblich mehr Schatzscheine diskontiert werden müssen. Einen eisernen Bestand braucht ja die Reichspostkasse nicht zu halten. Ausser einer weiteren allmonatlichen Abrechnung, aus welcher die Reichshauptkasse summarische Endziffern in ihre Bücher übernimmt, hat die Reichshauptkasse mit der Reichspostkasse nichts zu verrechnen. Letztere legt vielmehr selbst Rechnung. Die einzelnen Postanstalten haben am Orte ihres Sitzes Girokonto bei der Bank, führen ihre Ueberschüsse an diese ab und verstärken ihre Bestände durch Ausstellung und Einreichung gelber Schecks auf die Berliner Zentralpostkasse.

3. Die Staatsschuldentilgungskasse für die Reichsschuldenverwaltung. Deren Konto wird von der Reichshauptkasse nur in Titeln geführt. Sie holt sich die nötigen Gelder und stellt besonders zum Quartalsende für die Zinszahlung der Reichsschuld recht hohe Geldansprüche.

4. Einige kleinere Kassen: des Patentamts, des Auswärtigen Amtes, des Rechnungshofs des Deutschen Reichs; ferner die Oberpostkasse in Kiel, (Kanalverwaltung), kurz Kanalkasse genannt, die ansehnliche Umsätze hat und endlich die Reichstagskasse.

Diese sämtlich selbst rechnunglegenden Kassen können sich ihre Gelderfordernisse für die nächsten 10 Tage bzw., da sich dies nicht genau einhalten lässt, nach Bedarf aushändigen lassen. Die Höhe des geforderten Betrages muss aber besonders nachgewiesen werden. Wenn die einzureichende Abrechnung ergibt, dass eine Kasse zu viel Vorschuss von der Reichshauptkasse sich hat geben lassen, wird das Zuviel zurückgefordert, da die Gelder nicht nutzlos in den Kassen liegen sollen.

Die Bureaukassen der verschiedenen Reichsämter in Berlin sind Unterkassen für kleinere Zahlungen und erhalten geringe eiserne Vorschüsse zur Bestreitung laufender Ausgaben für Bureauzwecke. Sie reichen ihre Belege der Reichshauptkasse ein und erhalten dagegen ihren Geldbedarf in bar; auf dem Girowege nur die Bureaukassen des Reichsmarineamts und des Reichsamts des Innern, die Girokonto haben. Die Bureaukasse des Reichsschatzamts z. B. zahlt wenig direkt an Lieferanten aus. Diese kommen zur Reichshauptkasse und lassen sich in bar oder durch Giroüberweisung zahlen. Die an solche Bureaukassen gezahlten Beträge werden von der Reichshauptkasse summarisch gebucht, ohne dass diese hierüber im einzelnen Rechnung legt.

Die Reichsämter, für welche die Reichshauptkasse die gesamte rechnerische Kassenführung und Rechnungslegung besorgt, sind folgende:

1. Das Reichsmarineamt. Seine Rechnung, die früher die Generalmilitärkasse führte, steht der Aus-

dehnung nach wohl an erster Stelle. Sie erfordert viel Arbeit besonders gegen Jahresschluss und Auseinandersetzung mit Intendanturen (jedes Schiff hat ein eigenes Konto) und passt deshalb nicht recht in den Betrieb der Reichshauptkasse. Von den 19 Beamten sind 8 allein für die Dienste der Marinehauptkasse bestimmt. Einer der Beamten führt auch den Etat für Kiautschou. Die Reichsbank wird aber für diese Dienste vom Reichsmarineamt entschädigt. Dieses zahlt ein Pauschquantum für sächliche Ausgaben und ersetzt persönliche Ausgaben der Reichsbank je nach Auslage.

2. Das Reichsamt des Innern mit der zweitgrössten Rechnung. Die Unterabteilungen sind Reichsgesundheitsamt, Reichsstatist. Amt, Reichsversicherungsamt, physikalisch-technische Reichsanstalt, Aufsichtsamt für Privatversicherung, Normaleichungskommission und biologische Anstalt für Land- und Forstwirtschaft. Einer der Beamten führt auch das Darlehensbuch für die Fischereikassen.

3. Das Reichsschatzamt.

4. Das Reichsjustizamt.

5. Das Reichseisenbahnamt.

6. Das Reichsmilitärgericht.

7. Der Reichsinvalidenfonds. Es handelt sich hier nur um die Geldbedürfnisse der Verwaltung und einige kleinere Barzahlungen, für die die Reichshauptkasse Rechnung legt. Der Reichsinvalidenfonds gibt bekanntlich viel Darlehen an Kommunen und diese senden die Zinsen vielfach durch Postanweisung an die Reichshauptkasse. Die Effektenverwaltung dagegen besorgt der Reichsinvalidenfonds selbst.

Die Reichshauptkasse erhält nun von den einzelnen Reichsämtern Anweisungen über Einnahmen und Ausgaben. Die einzelnen Verwaltungszweige, wie z. B.

Reichsgesundheitsamt usw. disponieren auf Grund dieser Anweisungen direkt über die etatsmässig für sie vorgesehenen Summen bei der Reichshauptkasse. Dieser müssen jedoch die verfügungsberechtigten Personen und Behörden namhaft gemacht werden.

d) Der Geschäftsverkehr mit der Provinz.

Bisher war nur von den Beziehungen der Reichshauptkasse zu den Zentralreichsämtern in Berlin die Rede. Es dürfte nun vor allem interessieren, wie sich der Verkehr der Reichshauptkasse mit Provinzkassen abwickelt. Die Reichshauptkasse steht nur mit den 36 Regierungshauptkassen (den preussischen Mittelkassen) und mit den bundesstaatlichen Landeshauptkassen, die die Zölle und Steuern für das Reich einziehen und Zahlungen für Rechnung des Reichs leisten, im Abrechnungsverkehr. Diese sämtlichen bundesstaatlichen Kassen leisten aber nur nebenher die Kassendienste für das Reich. Für den Verkehr mit der Reichshauptkasse führen sie in ihren Büchern besondere Abrechnungskonten, aus denen der Kredit- oder Debetsaldo der Reichshauptkasse sofort zu ersehen ist.

Eingänge für das Reich, die ja nur aus wenigen Rechtstiteln erfolgen, sowie Ausgaben interessieren hier nur, soweit sie auf die Bestände des Reichs von erheblicher Bedeutung sind. Derartige wiederkehrende Einnahmen sind die Matrikularbeiträge der Bundesstaaten, Post- und Telegraphen-Gebühren und dann vor allem die Zölle. Die Matrikularbeiträge werden zu einem Drittel zu Anfang jeden Monats und zu zwei Drittel am Schlusse des Monats gezahlt. In Wirklichkeit aber nur von Preussen an diesen Terminen; von den übrigen Bundesstaaten etwa Mitte des

Monats gelegentlich der allmonatlichen Abrechnungen mit der Reichshauptkasse, in denen sämtliche Einnahmen und Ausgaben verrechnet werden. Hierüber sofort Näheres. Sehr wichtig für die Bestände der einzelnen Kassen ist die Art der Abführung der Zolleingänge. In Berlin führen die Oberzollkasse und das Hauptzollamt Börse die eingegangenen Zollbeträge an die Reichshauptkasse ab. In Preussen übergaben bis zu diesem Jahre die Zollkassen ihre vereinnahmten Gelder den Regierungshauptkassen; jetzt dagegen führen sie ihre Eingänge resp. Ueberschüsse an die 12 Oberzollkassen ab und diese ihrerseits — aber nur am Orte ihres Sitzes (also an Plätzen, wo Oberzolldirektionen sich befinden) — an die Regierungshauptkassen. So kommen also nur 12 Regierungshauptkassen in den Besitz von Zolleingängen und pflegen dann mit Barmitteln reichlich versehen zu sein. Solche Orte sind Königsberg, Danzig, Köln, Magdeburg, Breslau, Kassel, Posen usw. Da also zwei Drittel der Regierungshauptkassen keine Zolleingänge mehr haben, müssen sie viel häufiger als bisher ihre ungenügenden Bestände durch Inanspruchnahme der Reichshauptkasse verstärken. Letzteres besonders an Plätzen, wo Korpszahlstellen sich befinden und also die Militärausgaben einen grossen Umfang erreichen: z. B. Königsberg, Stettin, Magdeburg, Posen, Breslau, München, Koblenz, Hannover, Kassel, Strassburg, Danzig, Wiesbaden.

Diese wenigen Beispiele sollen nur illustrieren, wie es kommt, dass an den einen Orten Geldüberschüsse sind, während an anderen Orten die nötigen Mittel fehlen. Wie gelangt dies nun im einzelnen zur Kenntnis der Reichshauptkasse?

Sämtliche Regierungshauptkassen senden am 5., 15. und 25. jeden Monats der Reichshauptkasse eine Kassenaufstellung, aus der ihr Kassenbestand ersichtlich ist. Ferner senden die Regierungshauptkassen und Landeshauptkassen (die bayerische ausgenommen) monatlich in der Zeit vom 12.—15. der Reichshauptkasse die Abrechnungen mit den Kassenbelegen über sämtliche für das Reich erhaltenen Summen und ausgeführten Zahlungen. In diesen Abrechnungen werden Einnahmen und Ausgaben nach sachlicher Einteilung (wie im Etat) ausgewiesen: Militärausgaben in einer Summe, da die Korpszahlstellen selbständig verrechnen (für die bundesstaatlichen Kriegszahlämter vermitteln die Landeshauptkassen), Zivil- und Marinepensionen mit Nennung der Pensionsempfänger, Gehaltszahlungen für das Reich, die jedoch in der Provinz selten vorkommen usw. Auch diese Posten werden summarisch geführt und alle Quartale nach den Feststellungen, die die Reichshauptkasse vom Reichsschatzamt erhält, kontrolliert. Die Landeshauptkassen reichen also nicht die 10tägigen Kassenaufstellungen ein, sondern nur die monatlichen Abrechnungen. Bayern reicht sogar nur alle Quartale eine Rechnung ein und liefert auch nur bei dieser Gelegenheit Gelder an die Reichshauptkasse ab. Diese erhält also alle 10 Tage Kenntnis von Beständen der Regierungshauptkassen, alle Monate einmal von dem Stande der ausserpreussischen Landeshauptkassen (exklusive Bayern) und nur alle Vierteljahre einmal von den gesamten Reichsbeständen. Die eingereichten Abrechnungen werden von den Buchhaltern der Reichshauptkasse bis zum 20. jeden Monats aufgearbeitet. Alsdann werden durch einen Vertreter des Zoll- und Steuerabrechnungsbureaus die Endziffern zur Kontrolle abgestimmt und ermittelt, ob die preussische Generalstaatskasse vom Reiche Gelder herausbekommt oder an das Reich zu zahlen hat.

Abrechnungen und Kassenaufstellungen dienen der Reichshauptkasse als Grundlage für Zentralisierung und Verteilung der Reichsbestände. Ueberschüsse, die nach ihrer Meinung nutzlos in den Kassen liegen, werden von ihr requiriert. Solche Fälle sind aber nicht häufig; vielmehr geben die Regierungshauptkassen die überschüssigen Gelder von selbst ab. Erfahrungsgemäss weiss die Reichshauptkasse ungefähr, welche Summen sie von den einzelnen Kassen requirieren kann. Hamburg z. B. kann Zahlungen in jedem Betrage leisten, da es über grosse Zolleingänge verfügt. Die meisten Kassen brauchen aber gewöhnlich Zuschüsse. Regierungshauptkassen an Plätzen, wo keine Reichsbankstellen sondern nur Nebenstellen sind, und die daher plötzlich nötig werdende grosse Zuschüsse nicht sofort erhalten könnten, werden etwas grössere Barbestände zugestanden; ebenso Regierungshauptkassen an gewissen Grenzorten. Es gibt so eine Reihe Rücksichten, die die Erfahrung lehrt. Wenn die Reichshauptkasse zu grosse Geldansprüche an irgend eine Kasse stellt, was vorkommen kann, da sie nur zeitweise von deren Kassenbeständen Kenntnis erhält, so hat die requirierte Kasse die Dispositionen unter allen Umständen auszuführen, kann aber ihre Bestände durch Ausstellen grüner Schecks auf die Reichshauptkasse verstärken.

e) Zahlungsmittel im Verkehr der Reichshauptkasse.

I. Im Abrechnungsverkehr mit den Staatskassen.

Die Reichshauptkasse sucht möglichst alle Zahlungen durch Reichsbankgirokonto oder Inanspruchnahme der Landeskassen zu leisten. Nur wenn keine Bankanstalten am Sitze einer Regierungshauptkasse sind (z. B. Sigmaringen oder Merseburg), wird noch Bargeld hin- und hergesandt. Entweder lässt nun die Reichshauptkasse sich die requirierten Ueberschüsse der Provinzkassen durch die Reichsbank überweisen, oder sie weist Regierungs- und Landeshauptkassen an, an Dritte für Rechnung des Reiches Zahlungen zu leisten (so erhalten z. B. Woermann, A. G. Weser, Krupp usw. ihre vielen Zahlungen), oder auch anderen Staatskassen bestimmte Summen abzuführen. Wenn sich Regierungshauptkassen gegenseitig ohne Aufforderung der Reichshauptkasse aus ihren Beständen Zahlungen für das Reich machen, gibt die empfangende Kasse der zahlenden zunächst ein Anerkenntnis, das letztere zusammen mit den Abrechnungsbelegen der Reichshauptkasse allmonatlich einliefert. Die Reichshauptkasse erhält also erst dann Kenntnis von der Fondsübertragung und besorgt die erforderlichen Buchungen. Provinzkassen werden aber von der Reichshauptkasse nicht bloss für Zahlungen am Orte ihres Sitzes in Anspruch genommen, sondern sie haben auf Anweisung der Reichshauptkasse überallhin Zahlungen zu leisten. Wenn am Bestimmungsorte keine Reichsbankanstalt ist, führen die angewiesenen Kassen die Zahlungen durch ihre Elementarkassen aus.

Im Zahlungsverkehr mit den Regierungshauptkassen spielt der grüne Scheck eine sehr wichtige Rolle. Er dient den Provinzialkassen zur Verstärkung ihrer Bestände aus denen der Reichshauptkasse. Regierungshauptkassen wie Landeshauptkassen können nämlich jederzeit (nur nicht an den letzten 3 Werktagen des Quartals) Schecks auf diese Zentralkasse bis zur Höhe ihres voraussichtlichen Geldbedarfs für die nächsten 5 Tage ausschreiben und der Reichsbankanstalt am

Platze einreichen. Diese sendet die Schecks an das Girokontor der Reichshauptbank in Berlin, das von der Reichshauptbank täglich den Gegenwert in Form eines weissen Schecks erhält, der auf die Gesamtsumme der grünen Schecks lautet. Die Provinzkassen dagegen können sofort über den Betrag der grünen Schecks disponieren. Die Reichshauptkasse kann die Notwendigkeit der Ausstellung grüner Schecks nicht beurteilen und daher auch nicht prüfen.

Von dieser Einrichtung machen fast nur preussische Regierungshauptkassen Gebrauch. Es hat dies seinen Grund darin, dass sie ihre Kassenüberschüsse häufiger abliefern und dass ferner $^2/_3$ von ihnen jetzt keine Zolleinnahmen mehr erhalten. Andererseits erfordern die Zinszahlungen für die Staatsschuld bedeutende Summen vor Quartalsschluss, so dass um diese Zeit die grünen Schecks sehr reichlich benutzt werden müssen. Ausserhalb Preussens wurden früher grüne Schecks mitunter von einigen süddeutschen Landeskassen (Stuttgart, Karlsruhe) eingereicht; jetzt nur noch ganz selten. Da die Landeshauptkassen nur alle Monate einmal ihre Bestände abliefern, können sie Eingänge für das Reich mit Zahlungen vielfach kompensieren. Dadurch mag ihnen auch mancher Zinsvorteil entstehen. Bayern erhält sogar regelmässig aus der Abrechnung Gelder heraus und lässt sich diese überweisen.

Die Landeshauptkassen liefern gewöhnlich Mitte des Monats zugleich mit den Abrechnungen ihre überschüssigen Bestände ab. Zwar sind diese Landeskassen bis auf eine oder zwei jetzt sämtlich an den Giroverband der Reichsbank angeschlossen[14]); sie überweisen

[14]) Sachsen zögerte lange, dem Giroverbande der Reichsbank beizutreten, vermutlich auch deshalb, weil die Sächsische Bank

aber merkwürdigerweise die Gelder nicht durch die Reichsbank, sondern zahlen durch Privatbanken, mit denen sie offenbar auch sonst in Geschäftsverbindung stehen. Für die Girokonten der Landeshauptkassen, die mit der Reichshauptkasse in direktem Abrechnungsverkehr stehen, gelten die gewöhnlichen Girobestimmungen mit der alleinigen Ausnahme, dass Mindestguthaben nicht gefordert werden und dass die Landeshauptkassen ihre Bestände aus der Reichshauptkasse verstärken können. Von letzterer Fazilität wird aber, wie bereits erwähnt, heute nur noch von preussischen Regierungshauptkassen Gebrauch gemacht.

II. Im sonstigen Zahlungsverkehr.

Reichsbankgirokunden sollen ihren Geldverkehr mit der Reichshauptkasse nach Möglichkeit auf dem Giroweg erledigen. Jede Ueberweisung oder Einzahlung muss vom Girokunden resp. Einzahler der Reichshauptkasse avisiert werden. Schecks kommen in Zahlungen an die Reichshauptkasse selten vor; Wechsel überhaupt nicht. Wenn Kassen und Private, die kein Girokonto unterhalten, von der Reichshauptkasse Gelder zu empfangen haben, so wird von letzterer den Empfängern die Reichs-

Giroeinlagen verzinst, die Reichsbank dagegen keinerlei Zinsen vergütet. Das Ministerium des Innern z. B. hat erst im August 1908 angeordnet, dass sämtliche ihm unterstellten Behörden Anschluss an die am Orte befindlichen Anstalten der Reichsbank oder der Sächsischen Bank und wenn beide am Sitze der Behörden Niederlassungen unterhalten, Anschluss an beide zu suchen haben. Wenn am Sitze bundesstaatlicher Landeshauptkassen Reichsbankanstalten sich nicht befanden, wurden bei den zunächst belegenen Anstalten Konten eröffnet: z. B. für Meiningen in Eisenach, Schwerin in Lübeck, Neustrelitz in Neubrandenburg usw.

bankanstalt bezeichnet, bei der sie ihr Geld entgegennehmen können. Diese Zahlungen werden also durch die Reichsbank im Wege des Ein- und Auszahlungsverkehrs vermittelt. In Berlin zu leistende grosse Ein- und Auszahlungen in bar werden durch die Reichsbankhauptkasse vermittelt, kommen aber selten vor. Die betreffenden Belege werden, ehe sie der Zahlungsstelle vorgelegt werden, vom Vorsteher und einem Buchhalter der Reichshauptkasse abgezeichnet und im Hauptjournale provisorisch verbucht. Nach Rückerhalt des Beleges von der Reichsbankhauptkasse wird der Betrag definitiv gebucht und Quittung erteilt. Besondere analoge Bestimmungen gelten für Postwertsendungen. Grosse wie kleine Zahlungen (die durch die Hilfskassen ausgeführt werden) sind aber nicht häufig und die Reichshauptkasse, die ja keine ihren Betrieb ergänzenden Unterkassen hat, ist für einen Detailzahlungsverkehr auch nicht eingerichtet. (Die Beschränkung, dass bei der Reichshauptkasse und auf den Konten der Bundesstaaten jeder Zu- und Abgang mindestens 10 000 M. betragen muss, ist fallen gelassen worden). So werden auch die Gehaltszahlungen von der Reichshauptkasse nur in grossen Summen geleistet. Sie überweist jetzt so ziemlich allen Berliner Grossbanken auf die ihr von den Bureaukassen der einzelnen Reichsämter angegebenen Konten die Gehälter der Beamten und zwar für sämtliche Reichsämter in einer Summe. Letztere teilen ihrerseits nun den Banken die Gehaltslisten mit, aus denen hervorgeht, welchen Beamten die Gehälter durch die kontoführende Bank gutzubringen sind. In entsprechend grösserem Umfange wird dieses System auch von der preussischen Generalstaatskasse praktiziert. Diese ist nämlich angewiesen, die Quartalsbezüge der Beamten den Grossbanken auf Reichsbankgirokonto zu überweisen. Seit 1. Oktober

d. J. hat auch das sächsische Ministerium des Innern diese Neuerung angenommen, die den grossen Vorteil hat, dass bei jedem Quartalwechsel erhebliche Barmittel gespart werden.

f) Feststellung des Reichsguthabens.

Der Saldo des Reichsguthabens wird zwar täglich ermittelt; dieser Saldo ist aber nicht etwa identisch mit den Reichskassenbeständen überhaupt. Wollte die Reichshauptkasse diese auf einen bestimmten Termin feststellen, so könnte sie dies bei den Informationen, die sie gewöhnlich erhält, nur sehr unvollkommen tun und zwar: Alle 10 Tage, soweit sie in preussischen Kassen enthalten sind, alle Monate einmal für das Reich ausschliesslich Bayern und alle Quartale einmal für das gesamte Reich. Genau genommen lässt es sich auch dann nicht — es sei denn auf telegraphischem Wege — für einen bestimmten Zeitpunkt ermitteln. Denn es liegen beispielsweise, wenn die Kassen ihre Bestände der Reichshauptkasse aufgeben, jeweils schon wieder eine ganze Reihe grüner Schecks unverrechnet bei den Reichsbankanstalten, so dass das Reichsguthaben in diesem angenommenen Falle zu gross erscheinen würde. Trotzdem muss der Saldo, den die Reichshauptkasse zu ermitteln imstande ist, und der um 1 Uhr jeden Tag aus dem Hauptjournale festgestellt wird, als Grundlage für weitere Dispositionen und Schatzscheindiskontierung angenommen werden. Aufgabe des Vorstehers ist es nun, täglich genau darauf zu achten, dass das Minimalguthaben des Reichs nicht unter 10 Mill. M. fällt. Andernfalls müssen Schatzscheine in runden Summen von 1 Mill. M. diskontiert werden. Wenn möglich, sucht die Reichshauptkasse die der Reichsbank häufig unerwünschten Schatzscheindiskontierungen zu vermeiden.

Täglich erhält das Reichsschatzamt von der Reichshauptkasse einen kurzen Kassenbericht über die hauptsächlichsten Einnahmen und Ausgaben, den Bestand der Reichshauptkasse und die Summe der diskontierten Schatzscheine. So wird das Reichsschatzamt das ganze Jahr hindurch auf dem laufenden über den Status der Reichshauptkasse gehalten.

g) Rechnunglegung.

Die Bücher der Reichshauptkasse werden jährlich am 20. Juni abgeschlossen; die Rechnungen des Reichsmarineamts, des Reichsmilitärgerichts und Reichsinvalidenfonds schon Ende Mai. Die das Jahr über von den Buchhaltern vorbereiteten Jahresabschlüsse werden nach Kapiteln und Titeln nunmehr fertiggestellt. Es ist über jeden einzelnen Etat nach Kapiteln und Titeln sowohl, als über den Gesamtetat durch eine Hauptrechnung von der Reichshauptkasse Rechnung zu legen. In den Jahresbestand des Reichsguthabens werden auch in Verwahrung genommene Gelder und erteilte Vorschüsse eingerechnet. Die Rechnungen werden nunmehr nach Fertigstellung des Abschlusses den einzelnen Reichsämtern zur Abnahme eingereicht. Sie müssen mit den Manualen genau übereinstimmen und die einzelnen Einnahmen und Ausgaben müssen ihrer Natur nach gedrängt angegeben sein. Die Reichsämter prüfen die Rechnung nach Richtigkeit und Ordnungsmässigkeit und erheben ev. Erinnerungen gegen die Reichshauptkasse. Nach Prüfung werden die Rechnungen dem Rechnungshof weitergegeben, der nochmals eine eingehende Revision vornimmt. Seine Moniten richten sich entweder gegen die Reichsämter oder gegen die Reichshauptkasse. Nachdem alles in Ordnung ist, wird die Reichshauptkasse entlastet.

D. Ergebnisse betr. die Kassendienste.

Wir haben gesehen, dass die Reichshauptkasse für das Reich lediglich eine Geldvermittlungs- und Verrechnungsstelle, keine Zahlungsstelle selbst ist und dass die Bundesstaaten auf die Beziehungen eines gewöhnlichen Girokunden angewiesen sind. Leider ist durch den Giroanschluss die Zahl der öffentlichen Kassen nicht geringer geworden. Man braucht nur einen Blick in das Girokontenverzeichnis der Reichsbank zu werfen, um zu sehen, wie vielerlei Kassen heute in jedem Orte Deutschlands existieren. Viele Kassen sind überhaupt widerwillig dem Giroverkehr beigetreten, so dass Finanzminister wiederholt die Anwendung und Ausnutzung der Giroeinrichtungen zur Pflicht machen mussten. Von einer Zentralisation der Staatsgelder wie in einigen benachbarten Staaten sind wir noch weit entfernt und daher kann auch von einer Verwertung staatlicher Bestände nicht in dem Masse die Rede sein wie in England oder Belgien. Es ist auch wohl der Umfang der Dienstleistungen, die die Reichsbank heute für den Staat besorgt, nicht als definitiver Zustand anzusehen.

Wenn nun im nachstehenden für eine wünschenswerte Ausgestaltung der beiderseitigen Beziehungen einige Vorschläge vorgebracht werden, so ist der Verfasser sich wohl bewusst, dass wegen der Verschiedenartigkeit im politischen und administrativen Mechanismus, der verschiedenen Zahlungssitten, territorialer und anderer Verschiedenheiten fremde Organisationen des Kassenwesens nicht ohne weiteres (wohl nicht ohne gründliche Aenderung des gesamten Etatwesens) auf ein Land übertragen werden können. Belgien z. B. hat viele Schienenwege, eine dichte Bevölkerung und ein enges Filialennetz (ca. 40 Bankagenturen) bei kleinem Territorium; es ist ein neutrales Land, hat keine feindliche Invasion zu befürchten; alles günstige Vorbedingungen für die vollständige Uebertragung der Kassendienste auf die Bank und für die Zentralisation der staatlichen Bestände. Der Charakter Deutschlands als Bundesstaat steht einer solchen Entwicklung im Wege.

Die naturgemässe Scheidung wäre meines Erachtens, die Kassenführung der Reichsbank zu übertragen, die oberen und mittleren Staatskassen allmählich aufzuheben und in Anweisungs- und Rechnungsämter umzuwandeln. Das finanzielle Anweisungsrecht müsste beim Staate verbleiben, ebenso die sachliche Buchführung (Manuale) und Rechnungslegung. Die chronologisch zu führenden Journale würden der Bank übertragen werden, so dass diese jedenfalls nicht sachliche Buchungen, die den Kassenverkehr hemmen, zu treffen hätte. Durch diese zweifache Buchführung würde eine gegenseitig vollständig unabhängige Kontrolle der staatlichen Buchhaltung herbeigeführt. Die Bücher der Bank wären von Zeit zu Zeit den Rechnungsämtern vorzulegen. In den Bankausweisen müssten die öffentlichen Guthaben ausgewiesen werden, wie das in anderen Ländern auch der Fall ist, denn der Geldmarkt will wissen, wie es mit dem Geldbedarf der Regierung steht. Der heute vielfach noch umständliche durch verschiedene Instanzen sich hinziehende Anweisungsdienst wäre zu vereinfachen und nur auf die sachlich orientierte Behörde zu beschränken. Denn die Geldempfänger brauchen in sehr vielen Fällen ihr Geld sofort zur Erfüllung ihrer eigenen Verpflichtungen. Barzahlungen zwischen einzelnen Behörden, die heute noch zum Teil üblich sind, müssten ganz in Wegfall kommen. Im Verkehr mit Staatskassen und im gegenseitigen Verkehr derselben wären nur bankmässige Zahlungsmittel zu verwenden.

Scheinbar wäre allerdings der doppelte Gang

zuerst zur anweisenden Staatsbehörde und dann zur auszahlenden Bank umständlicher als bisher. Aber nur scheinbar; denn die Schwerfälligkeit, Umständlichkeit, sowie die kurze Schalterzeit bei öffentlichen Kassen stehen einer prompten Abwicklung sehr im Wege. Vielleicht könnten den Zahlungsempfängern bei den Staatsrechnungsämtern Reichsbankschecks ausgehändigt werden; so würde auch der Staat zur Popularisierung des Scheckverkehrs beitragen. Dass das Staatsguthaben dann bei der Bank nicht genau jederzeit festgestellt werden könnte, wäre meines Erachtens eine cura posterior, die vielleicht buchungsmässig behoben werden könnte. In Belgien hat z. B. der Staat, um die örtliche Trennung von Bank und Staatsamt weniger empfindlich zu machen, seine Provinzagenturen im Bankgebäude oder in nahe bei der Bank gelegenen Lokalitäten untergebracht.

Die preussische Regierung hat meines Wissens früher schon Verhandlungen mit der Reichsbank angeknüpft wegen Uebertragung der gesamten Kassendienste auf die Bank. Es stellten sich wohl aber Schwierigkeiten heraus; denn die Verhandlungen sind wieder abgebrochen worden.

Kompetentere Fachleute und Praktiker unseres Etat-, Kassen- und Rechnungswesens mögen die hier gemachten Vorschläge ergänzen und durch geeignetere ersetzen resp. die Fragen zur Diskussion stellen. Leider fehlt heutzutage dem Aussenstehenden wie vielleicht bei keinem anderen Zweige des Staatsbetriebes der genügende Einblick in die Details des staatlichen Kassen- und Rechnungswesens und umgekehrt fehlt so häufig den Kassenrendanten und anderen Staatskassen- und Verwaltungsbeamten das Verständnis für kaufmännische und banktechnische Organisationen und ihre Praktizierung hinsichtlich des Zahlungswesens.

Kolibri 360 GmbH
Ferdinand-Jühlke-Straße 7
99095 Erfurt, Deutschland
produktsicherheit@kolibri360.de